MOEURS ET CARACTÈRES

DES PEUPLES

(ASIE - AMÉRIQUE — OCÉANIE)

PARIS. — IMPRIMERIE ÉMILE MARTINET, RUE MIGNON, 2.

MŒURS ET CARACTÈRES

DES PEUPLES

(ASIE — AMÉRIQUE — OCÉANIE)

MORCEAUX EXTRAITS DE DIVERS AUTEURS

PAR

RICHARD CORTAMBERT

SECRÉTAIRE HONORAIRE DE LA SOCIÉTÉ DE GÉOGRAPHIE
ATTACHÉ A LA BIBLIOTHÈQUE NATIONALE

PARIS
LIBRAIRIE HACHETTE ET Cie
79, BOULEVARD SAINT-GERMAIN, 79

1879

Droits de propriété et de traduction réservés

AVANT-PROPOS

Tout livre doit être un enseignement. Celui que nous offrons aujourd'hui à la jeunesse a pour but de faire connaître les mœurs des populations de l'Asie, de l'Amérique et de l'Océanie.

L'homme d'Asie, ce fils aîné de toutes les civilisations, y apparaît d'abord avec son génie poétique et religieux, sa bravoure héréditaire, ses superstitions, ses tendances à la fois cruelles et lâches, avec son despotisme et son esclavage.

Vient ensuite le monde américain. Ici l'homme du passé cède peu à peu la place à l'homme nouveau, à l'homme de l'avenir, — contraste singulier de l'état sauvage et de la civilisation dans ce qu'elle a de plus hardi, de plus téméraire.

Au dernier rang se présente le pauvre Océanien, qui s'éteint, qui succombe en face de l'envahissement de l'Europe. Dépeindre ses mœurs est d'autant plus intéressant que demain le modèle aura disparu.

Notre nouvel ouvrage a déjà deux frères aînés, qui ont assez bien fait leur chemin : le *Voyage pittoresque à travers le monde*, et les *Mœurs et caractères des peuples (Europe, Afrique)*. Nous adressons encore celui-ci à la jeunesse, — à cette jeunesse enthousiaste pour les voyages, pour les entreprises lointaines, les grandes aventures d'outre-mer.

Nous nous sommes appliqué à grouper méthodiquement les faits les plus saillants qui caractérisent chaque peuple. Aussi, que de pages curieuses, que de tableaux saisissants dans ce livre ! L'honneur en revient aux voyageurs auxquels nous avons emprunté la plupart de ces morceaux. Qu'ils reçoivent ici nos remerciements ! Grâce à eux, il nous a été permis de former un recueil qu'un critique éminent a bien voulu désigner sous le nom de *Noël et Delaplace géographique*, et qui, nous l'espérons, sera pour tous un ouvrage de lecture utile.

R. C.

TABLE DES MATIÈRES

ASIE

GÉNÉRALITÉS

	Pages
L'Orient comparé à l'Occident, par Lamartine	1
Origine du caractère des Asiatiques, par Hippocrate	2
L'Asie et les Asiatiques, par Montesquieu	2

TURQUIE D'ASIE ET ARABIE

Les fidèles au Saint-Sépulcre, par Melchior de Vogüé	3
La prière chez les musulmans, par Lamartine	7
Les Turcs (vie intérieure), par Louis Énault	8
Réception en Orient (Syrie), par Henri Guys	12
Une noce en Syrie, par Lamartine	13
La barbe chez les Orientaux, par Ermette Pierotti	15
Le hachich, par Théophile Gautier	16
L'Arabe et son cheval, par Lamartine	18
Les Druses, par Lamartine	20
La caravane de Damas, par R. Burton	21
Le Bédouin et son chameau, par Maurice Tamisier	23
Les Kurdes, par Théophile Deyrolle	24
Mœurs de Bagdad, par le baron Licklama A Nijeholt :	
Préliminaires d'un mariage	29
La toilette du marié	30
Cérémonie funèbre	31

TRANSCAUCASIE, PERSE ET TURKESTAN

Les processions de martyrs en Transcaucasie, par Véreschaguine	33
Les mangeurs d'opium, par Véreschaguine	37
Bazar persan, par A. de Gobineau	38
Les visites en Perse, par A. de Gobineau	42

Chasse à la gazelle, par Emile Duhousset........................... 44
Les Kalmouks du Turkestan, par Karazine........................... 48
Physionomie des Turcomans, par Henri de Coulibœuf............... 50
Supplice des prisonniers en Boukharie, par Arminius Vambéry...... 53
Les Kirghiz, par Meyendorff.. 57

SIBÉRIE

Les Iakoutes, par Ouvarovski.. 58
Les Samoïèdes, par A. E. Nordenskiöld............................. 62

EMPIRE CHINOIS

Gouvernement de la Chine, par A. Rémusat........................ 64
Le jour de l'an en Chine, par R. C................................. 64
Formes de politesse chez les mandarins, par R. C................. 67
Les fumeurs d'opium, par le comte de Beauvoir................... 67
Un repas chinois, par Ferrière Le Vayer........................... 71
Théâtre en Chine, par T. Choutzé................................. 75
La queue des Chinois, par T. Choutzé............................. 79
Brouettes à voile, par A. Poussielgue............................. 80
La justice en Chine, par Huc...................................... 83
Trait singulier de la médecine en Chine, par Huc................. 84
Émigration chinoise, par W.-H. Dixon............................. 84
La religion au Tibet, par Huc..................................... 88
Une lamaserie au Ladak, par Chapman et Gordon................. 89
Choix d'un nouveau Dalaï-Lama, par Malte-Brun.................. 91
Quelques traits des mœurs tibétaines, par Malte-Brun............. 92

JAPON

Les Japonais, par Hubner.. 94
Le point d'honneur au Japon, par le comte de Montblanc.......... 94
Le jour de l'an au Japon, par A. Humbert........................ 97
La justice au Japon, par A. Humbert............................. 99
Équilibristes japonais, par A. Humbert........................... 104
Les villes japonaises, par Hubner................................ 107
Les Aïno, par L. de Rosny....................................... 108

INDO-CHINE ET HINDOUSTAN

Les talapoins dans l'Indo-Chine, par H. Mouhot.................. 113
La femme annamite, par le docteur Morice....................... 114
Les Cambodgiens, par le docteur Morice.......................... 118
La musique au Lao, par F. Garnier............................... 121

La médecine chez les Laotiens, par H. Mouhot.................... 122
Réception de l'éléphant blanc au royaume de Siam, par H. Mouhot... 125
Domptage des éléphants. — Éléphants danseurs en Indo-Chine, par
  H. Yule... 126
Les Sottys, par Dumont d'Urville................................ 127
Sacrifice humain dans l'Hindoustan, par Russell et Kicketts..... 128
L'hôpital des animaux à Surate, par Anquetil-Duperron........... 132
La fête des serpents à Bombay, par L. Rousselet................. 133
Jongleurs de l'Inde, par Caunter................................ 134
Charmeurs de serpents, par L. Rousselet......................... 138
Les Thugs, par F. de Lanoye..................................... 141
Les Parsis, par F. de Lanoye.................................... 145

AMÉRIQUE

AMÉRIQUE ARCTIQUE

Les Esquimaux, par Hayes.. 147
Intérieur des Esquimaux, par Kane............................... 148
Insensibilité des populations du Nord, par Hayes................ 152
Chasse aux hommes dans les mers arctiques, par Hayes............ 152
Chasse à l'ours, par Hayes...................................... 160
Cérémonies funèbres dans l'Alaska, par F. Whymper............... 164

CANADA ET NOUVELLE-ÉCOSSE

L'hospitalité canadienne, par X. Marmier........................ 167
Les habitants de la Nouvelle-Écosse, par J. Duval............... 168

ÉTATS-UNIS

L'esprit américain (citations diverses), par De Molinari, H. Mann, etc. 169
Le caractère américain, par C. Jannet........................... 170
Même sujet, par le baron de Hubner.............................. 171
Les beaux-arts aux États-Unis, par B. Lindau.................... 172
Le colon américain, par J. Duval................................ 173
Les chemins de fer en Amérique, par L. Simonin.................. 174
Un hôtel à Chicago, par le baron de Hubner...................... 177
Les clippers, par L. Simonin.................................... 179
Qualités des Peaux-Rouges, par Jefferson........................ 181
Funérailles chez les Chinouks, par Lavollée..................... 182
Danse chez les sauvages, par Chateaubriand...................... 185
Les Têtes-Plates, par Catlin.................................... 186
Les Mohaves, par Molhausen...................................... 188

Épreuves sanglantes chez les sauvages, par Catlin.................... 195
Les Nayas. — Masques et déguisements pour la danse de la médecine,
   par Catlin... 200

MEXIQUE ET AMÉRIQUE CENTRALE

L'indigène du Mexique, par Prescott................................. 204
Le Mexicain, par D. Charnay.. 204
Même sujet, par le docteur Jourdanet................................ 207
Duel avec un caïman, par D. Charnay................................. 208

COLOMBIE ET VÉNÉZUÉLA

Les Goajires, par É. Reclus... 212
Un combat de coqs en Colombie, par E. André........................ 213
Les Guaraunos, par E. Cortambert..................................... 218
Les géophages, par E. Cortambert..................................... 219

PÉROU, BOLIVIE ET CHILI

Les Conibos, par P. Marcoy.. 221
Chasse au condor, par P. Marcoy...................................... 225
Indiens Ticunas, par P. Marcoy....................................... 229
La chicha, boisson nationale en Bolivie, par F. K. Leuzinger..... 231
Cérémonie funèbre au Chili. — L'angelito, par Ida Pfeiffer........ 233

CONFÉDÉRATION ARGENTINE, BRÉSIL ET PATAGONIE

Indiens du Grand-Chaco. Les Lenguas, par le docteur Demersay...... 234
Principaux éléments de la population brésilienne, par F. K. Leuzinger. 238
Les Indiens Botocoudos, par Biard.................................... 239
Le curare, par F. K. Leuzinger....................................... 241
Les Gauchos, par D. Charnay.. 242
Chasse au guanaco, par D. Charnay.................................... 246
Mœurs des Patagons, par A. Guinnard................................. 250

OCÉANIE

MALAISIE

Une visite chez les anthropophages Battas, à Sumatra, par R. C..... 253
L'amok chez les Javanais, par De Molins.............................. 254
La cuisine à Java, par De Molins..................................... 255
Distinction honorifique à Java, par de Molins....................... 256

Chasse au rhinocéros à Java, par le comte de Beauvoir............ 257
Les Dayaks, par Ida Pfeiffer... 259
Un dangereux voisin, par A. R. Wallace............................... 260

MÉLANÉSIE

Les indigènes des îles Arou, par A. R. Wallace...................... 264
Les Alfourous, par Ida Pfeiffer... 269
L'Australien, par R. C.. 270
Capture d'une ruche à miel, par Hueber.............................. 271
Les mineurs d'Australie, par le comte de Beauvoir................. 273
Les ogres de Viti, par J. D. Macdonald............................... 275
Un repas de cannibales en Nouvelle-Calédonie, par J. Garnier.... 276

POLYNÉSIE

Tatouage à la Nouvelle-Zélande, par le docteur Thiercelin........ 281
Comment les sauvages allument le feu, par le docteur Thiercelin.. 283
Les Tahitiens, par A. Pailhés.. 285
Habitants des îles Havaii, par Dumont d'Urville.................... 286
Les cités de refuge chez les Havaïens, par C. de Varigny.......... 289

FIN DE LA TABLE DES MATIÈRES

MŒURS ET CARACTÈRES

DES PEUPLES

(ASIE — AMÉRIQUE — OCÉANIE)

ASIE

GÉNÉRALITÉS

L'ORIENT COMPARÉ A L'OCCIDENT

On se trompe quand on prend pour base d'un raisonnement les analogies entre l'Orient et l'Occident. Quand un grand homme surgit en Occident, il est toujours plus ou moins le produit, l'expression du peuple qu'il gouverne. Il y a rapport entre son siècle et lui ; à mesure qu'il conquiert, il organise ; à mesure qu'il crée, il consolide ; il s'entoure d'instruction ; en un mot, il fonde quelque chose qui doit durer après lui. En Orient, au contraire, comme il n'y a ni instruction, ni mœurs politiques, mais seulement un maître et ses esclaves, un grand homme n'est qu'une grande individualité, un phénomène, un météore qui brille un moment dans la nuit d'une barbarie monotone ; qui fait de grandes choses avec des milliers de bras dont il dispose, mais qui n'élève nullement le niveau de son peuple jusqu'à lui ; qui ne fonde rien, ni dynastie solide, ni instruction, ni législation, et dont on pourrait dire, si l'on ne craignait de se servir d'une expression trop poétique, qu'en mourant, il replie pour ainsi dire tout son génie après lui, comme il replie sa tente : laissant la place aussi vide, aussi nue, aussi ravagée qu'avant lui.

LAMARTINE, Voyage en Orient.

ORIGINE DU CARACTÈRE DES ASIATIQUES

Si les peuples de l'Asie sont sans courage, sans énergie, d'une humeur moins belliqueuse et d'un caractère plus doux que les Européens, c'est en grande partie à la température toujours égale du climat qu'il faut l'attribuer... Une autre raison de l'inertie des peuples asiatiques est la nature de leurs lois politiques : ils sont, pour la plupart, gouvernés par des monarques absolus, — et partout où l'homme n'est ni maître de sa personne, ni participant au pouvoir législatif, mais soumis à des despotes, il a soin de ne pas passer pour courageux, parce qu'il sait que cela l'exposerait à de plus grands dangers.

HIPPOCRATE.

L'ASIE ET LES ASIATIQUES

Dans cette partie du monde, les nations sont opposées aux nations ; le fort au faible ; les peuples guerriers, braves et actifs, touchent immédiatement aux peuples efféminés, paresseux, timides ; il faut donc que l'un soit conquis et que l'autre soit conquérant. Voilà la raison principale de la liberté de l'Europe et de l'esclavage de l'Asie.

MONTESQUIEU.

TURQUIE D'ASIE ET ARABIE

LES FIDÈLES AU SAINT-SÉPULCRE

Nos premières explorations ont naturellement pour but le Saint-Sépulcre, cœur et raison d'être de la Jérusalem chrétienne, qui se serre autour de la vieille église franque, comme la ville musulmane autour de la mosquée d'Omar. Le vaste temple est resté, comme nos cathédrales du moyen âge, une maison commune où la vie religieuse et la vie profane ont leur place ; enserré par une triple enceinte de couvents, tantôt il les pénètre de ses chapelles ramifiées, tantôt il se laisse pénétrer par leurs sacristies, leurs cellules, leurs communs. Un système compliqué de couloirs, de dégagements, d'escaliers, de portes, enchevêtre les habitations monacales à la maison de Dieu.

Entrons-y donc un peu au hasard, cherchant les scènes pittoresques, les contrastes douloureux ou touchants dont il est sans cesse le théâtre, les émotions intimes qu'on ne saurait traduire sans en méconnaître la profondeur. En franchissant le seuil du parvis, on se trouve dans le divan des portiers musulmans, triste et nécessaire vestibule de la maison chrétienne.

On passe, et les premières figures qu'on rencontre annoncent la Babel chrétienne. Tous les types des races humaines se croisent ici, tous les costumes du globe s'y mêlent, toutes les langues y retentissent, tous les rites y déploient leurs cérémonies. Catholiques, Grecs, Arméniens, Coptes, Abyssins, ont leurs autels séparés ; les sanctuaires les plus vénérés sont communs à tous, mais chacun n'y peut officier qu'à son heure, rigoureusement déterminée par des règlements anciens. La foule se presse surtout à la porte de l'édicule qui renferme le tombeau : trois visiteurs seulement peuvent y tenir ensemble, fort gênés par le caloyer de garde, qui fait une grosse recette en vendant des cierges ; ce remuant personnage tourmente sans relâche, pour les faire sortir, les pèlerins qui nuisent à son commerce en s'attardant dans une méditation trop prolongée.

Si le philosophe se complaît à l'idée de l'harmonie supérieure faite de toutes ces dissonances, le croyant est doublement distrait par les compétitions ardentes des communions rivales, cantonnées dans les différentes parties du monument. Quel voyageur, au spectacle de ces éternelles dissensions, n'a fait le rêve de voir tous les enfants de Jérusalem (dont le nom signifie en hébreu, par une étrange ironie, « l'héritage de la paix ») donner dans le premier temple de la chrétienté l'exemple de la concorde prêchée par leur Maître ? Rêve bien naturel, mais dont les passions humaines au service des choses divines ne permettront jamais la réalisation !

On en peut du moins avoir l'illusion pendant la semaine sainte, en entendant prêcher les mystères dans toutes les langues du globe. Le pèlerin qui parcourt alors les divers sanctuaires y rencontre des moines parlant simultanément au peuple en latin, en italien, en français, en grec, en arabe, que sais-je encore ? Les processions des divers rites se développent solennellement dans les détours de l'édifice ; les Grecs dans le chœur éclatant d'ornements d'or et de mosaïque, les Latins dans les ténèbres séculaires qui règnent sous les voûtes du nord ; trop souvent les pieuses armées, en se rencontrant, s'irritent, se querellent, se heurtent, leurs bannières pacifiques s'étonnent de les mener au combat, et le sang coule sur ces dalles qui en ont tant bu.

C'est à cette même époque, dans la nuit du samedi saint, qu'on peut assister à la curieuse cérémonie du feu sacré des Grecs. Le patriarche, s'enfermant dans le Saint-Sépulcre, communique, par la lucarne, à la foule impatiente qui emplit l'église depuis la veille, le feu nouveau qu'un ange est censé lui apporter du ciel ; chacun se précipite pour allumer son cierge à la flamme

Intérieur de l'église du Saint-Sépulcre.

céleste, et s'enfuit aussitôt pour la faire vénérer aux siens. Des cavaliers, venus de districts lointains, attendent, leurs chevaux sellés à la porte, pour rapporter une parcelle du feu sacré dans leur village.

Melchior de Vogüé, Syrie, Palestine, Mont Athos.

LA PRIÈRE CHEZ LES MUSULMANS

Je vis à travers les grilles plusieurs musulmans qui faisaient leur prière dans la grande cour du palais. Ils étendent un tapis par terre pour ne point toucher la poussière, et ils se tiennent un moment debout, puis ils s'inclinent d'une seule pièce, et touchent plusieurs fois le tapis du front, le visage toujours tourné du côté de la Mecque ; ils se couchent ensuite à plat ventre sur le tapis ; ils frappent la terre du front ; ils se relèvent et recommencent un grand nombre de fois les mêmes cérémonies, en reprenant les mêmes attitudes et en murmurant des prières. Je n'ai jamais pu trouver le moindre ridicule dans ces attitudes et dans ces cérémonies, quelque bizarres qu'elles semblent à notre ignorance. La physionomie des musulmans est tellement pénétrée du sentiment religieux qu'ils expriment par des gestes, que j'ai toujours profondément respecté leur prière. Ce motif sanctifie tout ; partout où l'idée divine descend et agit dans l'homme, elle lui imprime une dignité surhumaine.

Lamartine, Voyage en Orient.

LES TURCS (VIE INTÉRIEURE)

Le konak, ou maison de ville du bourgeois turc, se divise en deux parties très distinctes et complètement séparées : le sélamlik, abandonné aux hommes, et le harem, réservé aux femmes.

L'ameublement du sélamlik est des plus simples. On n'y trouve rien de ce qui compose chez nous le mobilier ordinaire des appartements : ni lits, ni tables, ni chaises, ni fauteuils. Le sofa tient lieu de tout et remplace tout. C'est un meuble de salon, de salle à manger, de chambre à coucher et de cabinet de travail. La seule occupation de l'Osmanli, dans ce cabinet de travail, c'est de fumer. Le soir on jette un matelas sur le sofa, un drap sur le matelas et une couverture sur le drap : cela fait un lit. Le lendemain avant le jour (le Turc est matinal), on remet le lit dans une armoire, et le sélamlik redevient un salon. Le parquet, en longues planches assemblées sans art, est couvert l'été de belles nattes brillantes et fraîches, l'hiver de tapis moelleux et chauds, venus de Smyrne ou de Perse. Dans les maisons de la petite bourgeoisie, le plafond et les lambris, toujours de bois, sont peints de couleurs claires ; chez les riches, ils sont revêtus de stuc et parfois décorés de peintures, dont l'ornementation légère se contente d'oiseaux, de fleurs et d'arabesques. Toutes les pièces du sélamlik sont meublées de la même manière, leur nombre varie suivant l'importance et la fortune de la famille.

Tout le monde connaît le disgracieux costume de la réforme : la tunique droite et boutonnée, le pantalon demi-collant et à sous-pieds, la botte et le fez, qui ne garantit ni l'occiput d'un coup de sabre, ni le front d'un coup de soleil. Le bourgeois, ami des anciennes mœurs, ne porte jamais ce triste uniforme ; il a gardé le vêtement large et majestueux de l'Orient d'où il vient, les dolmans, les fourrures et les pelisses. Il roule un châle de Perse autour de ses flancs : c'est la ceinture ; un autre autour de

Portefaix turc.

son front : c'est le turban. Il se chausse de souples bottines en maroquin, et, quand il sort, enferme ses pieds dans la babouche large, que le visiteur laisse toujours à la porte de l'appartement où il entre.

Les gens du peuple sont d'une extrême tempérance.

Ils vivent de laitage et de légumes. Un portefaix se contentera de quelques feuilles de salade pour toute sa journée ; le tabac supplée au reste. L'Ottoman partage avec l'Arabe le privilège de pouvoir absorber beaucoup ou se contenter de peu, suivant la fortune du jour.

Chez les riches, le service est plus compliqué ; la table, extrêmement petite et basse, vous force à vous asseoir par terre, ou à peu près. On ne connaît pas l'usage de l'assiette, de la fourchette, de la cuillère ou du verre à boire. Le couteau seul est admis. Les plats sont nombreux, servis un à un, et ne font que paraître et disparaître, dans un ordre absolument inconnu à la hiérarchie gastronomique du service français. Les légumes, salades, compotes, conserves et pâtisseries, précèdent les viandes coupées menu et bouillies jusqu'à perdre toute saveur et tout goût originaire. Chacun se sert soi-même avec les doigts. On finit par le *pilau*, ce riz au mouton qui est pour les Turcs ce que le hotch-potch est pour les Écossais, et le macaroni pour les Napolitains. On ne boit que de l'eau. La même coupe sert à tous les convives et passe de l'un à l'autre, incessamment remplie par un domestique dont c'est là l'unique office pendant tout le repas. Après le pilau, on avale quelques gorgées de cherbet, espèce d'hydromel, comme le mjöd des Suédois, mais qui reçoit le mélange de divers ingrédients balsamiques ou aromatiques ; chez les délicats il est au musc, ce qui, tout d'abord, ne laisse pas que d'étonner un peu le palais européen. Après le repas, on présente à laver dans des aiguières d'argent, d'un modèle élégant ; on savonne ses mains, on peigne, on lisse et l'on parfume sa barbe.

C'est alors que l'on sert le café et que l'on apporte les pipes.

Les conversations cessent tout à coup, chacun se recueille pour savourer en silence la liqueur bien-aimée et la fumée, mère divine des rêves.

Louis Énault, *Constantinople et la Turquie.*

RÉCEPTION EN ORIENT (SYRIE)

Lorsqu'on arrive chez un prince, un cheikh ou un particulier aisé, on est soumis à un cérémonial obligé : les gens de service débottent l'étranger, le débarrassent, puis, l'ayant établi sur un divan, ils lui apportent le bassin pour lui faire laver les mains et le visage, s'il le désire ; après cela on le couvre d'une grande serviette brodée en soie et en or, et l'on passe dessous une cassolette dans laquelle brûle du bois d'aloès. La serviette étant retirée, la fumée est abattue par une pluie fine d'eau de rose, qu'au moyen d'un aspersoir on fait tomber sur l'hôte qu'on veut honorer. Cette opération terminée, on lui apporte la pipe, le sorbet, enfin l'indispensable café ! car c'est le café qui est le père de toutes les distinctions avec lequel on fait honneur aux gens... Lorsque l'heure du déjeuner ou du dîner est arrivée, on place une espèce de natte sur la natte du tapis qui fait partie du divan qu'on occupe, et qui est, bien entendu, par terre. Après la natte, vient la table, qui est tout bonnement ronde (notez que la nappe se trouve être dessous) ; puis une quantité prodigieuse de pains de la grandeur d'une petite assiette et extrêmement minces, ce qui leur fit donner le nom de platitudes par un de mes amis peu porté à admirer les usages de l'Orient. Les mets sont servis dans les plats en cuivre et arrivent à la fois, à l'exception du rôti, lorsqu'il doit y en avoir, et de la salade, si le maître de la maison a tant soit peu l'idée des habitudes européennes. On n'a pas besoin de marcher pour passer du salon à la salle à manger ; on se glisse, en faisant faire au corps des mouvements de droite à gauche et *vice versa.*

Henry Guys, *Voyage en Syrie.*

UNE NOCE EN SYRIE

Nous avons passé toute la journée à la noce de la jeune Syrienne grecque. La cérémonie a commencé par une longue procession de femmes grecques, arabes et syriennes, qui sont venues les unes à cheval, les autres à pied, par les sentiers d'aloès et de mûriers, assister la fiancée pendant cette fatigante journée. Depuis plusieurs jours et plusieurs nuits déjà, un certain nombre de ces femmes ne quitte pas la maison d'Habib, et ne cesse de faire entendre des cris, des chants, des gémissements aigus et prolongés, semblables à ces éclats de voix que les vendangeurs et les faneurs poussent sur les coteaux de notre France pendant les récoltes. Ces clameurs, ces plaintes, ces larmes et ces joies convenues, doivent empêcher la mariée de dormir plusieurs nuits avant la noce. Les vieillards et les jeunes gens de la famille de l'époux en font autant de leur côté et ne lui laissent prendre aucun repos depuis huit jours. Nous ne comprenons rien aux motifs de cet usage.

..... On a fait entrer les femmes dans l'intérieur des divans pour faire leurs compliments à la jeune fille, admirer sa parure et voir les cérémonies. Pour nous, on nous a laissés dans la cour ou fait entrer dans un divan inférieur. Là, une table était dressée à l'européenne, chargée d'une multitude de fruits confits, de gâteaux au miel et au sucre, de liqueurs et sorbets, et pendant toute la soirée on a renouvelé cette collation à mesure que les nombreux visiteurs l'avaient épuisée. J'ai réussi à m'introduire par exception jusque dans le divan des femmes, au moment où l'archevêque grec donnait la bénédiction nuptiale. La jeune fille était debout à côté de son fiancé, couverte de la tête aux pieds d'un voile de gaze rouge brodé en or. Un moment le prêtre a écarté le voile, et le jeune homme a pu entrevoir pour la première fois celle à qui il unissait sa vie ; elle était admirablement belle. La pâleur, dont la fatigue et l'émotion couvraient ses joues, pâleur relevée encore par les reflets du voile rouge et les innombrables parures d'or, d'argent, de perles, de diamants, dont elle était couverte, et par les longues nattes de ses cheveux noirs qui tombaient tout autour de sa taille, ses cils peints en noir, ainsi que ses sourcils et le bord de ses yeux, ses mains dont l'extrémité des doigts et des ongles était teinte en rouge avec le henné et avait des compartiments et des dessins moresques ; tout donnait à sa ravissante beauté un caractère de nouveauté et de solennité dont nous fûmes vivement frappés. Son mari eut à peine le temps de la regarder. Il semblait accablé et expirant lui-même sous le poids des veilles et des fatigues dont ces usages bizarres épuisent les forces de l'amour même. L'évêque prit des mains d'un de ses prêtres une couronne de fleurs naturelles, la posa sur la tête de la jeune fille, la reprit, la plaça sur les cheveux du jeune homme, la reprit encore pour la remettre sur le voile de l'épouse, et la passer ainsi plusieurs fois d'une tête à l'autre. Puis on leur passa également tour à tour des anneaux aux doigts.

Ils rompirent ensuite le même morceau de pain, ils burent le vin consacré dans la même coupe. Après quoi on emmena la jeune mariée dans des appartements où les femmes seules purent la suivre pour changer encore sa toilette.

Le père et les amis du mari l'emmenèrent de leur côté dans le jardin, et on le fit asseoir au pied d'un arbre, entouré de tous les hommes de sa famille.

Les musiciens et les danseurs arrivèrent alors et continuèrent jusqu'au coucher du soleil leurs symphonies barbares, leurs cris aigus et leurs contorsions auprès du jeune homme, qui s'était endormi au pied de l'arbre et que ses amis réveillaient en vain à chaque instant.

Quand la nuit fut venue, on le conduisit seul et processionnellement jusqu'à la maison de son père. Ce n'est qu'après huit jours que l'on permet au nouvel époux de venir prendre sa femme et de la conduire chez lui.

Les femmes, qui remplissaient de leurs cris la maison d'Habib, sortirent aussi un peu plus tard. Rien n'était plus pittoresque que cette immense procession de femmes et de jeunes filles dans les costumes les plus étranges et les plus splendides, couvertes de pierreries étincelantes, entourées chacune de leurs suivantes et de leurs esclaves, portant des torches de sapin résineux pour éclairer leur marche, et prolongeant ainsi leur avenue lumineuse à travers les longs et étroits sentiers ombragés d'aloès et d'orangers, au bord de la mer, quelquefois dans un long silence, quelquefois poussant des cris qui retentissaient jusque sur les vagues ou sous les grands platanes du pied du Liban.

LAMARTINE, Voyage en Orient.

LA BARBE CHEZ LES ORIENTAUX

Au temps des Juifs, la barbe était considérée comme la parure de l'homme et on la portait longue. Moïse défend de la raser. La plus grande insulte que l'on pût faire à un Hébreu était de lui couper la barbe, et David vengea d'une manière terrible un outrage semblable, qu'Hanun, roi des Ammonites, avait fait subir à ses ambassadeurs, auxquels il ordonna de rester à Jéricho jusqu'à ce que la barbe leur fût repoussée, ce qui prouve que c'était un déshonneur de paraître sans ce signe de virilité dans un lieu où l'on était déjà connu.

La barbe est encore maintenant un indice de force et un objet de respect, non-seulement en Palestine, mais aussi dans tout l'Orient.

Les Arabes la tiennent en une telle considération qu'ils jurent par leur barbe, et celui qui manque à ce serment sacré s'attire le mépris universel. C'est par la barbe qu'on lie amitié et qu'on fait les affaires, car on se la baise et on se la touche réciproquement, en signe de bon accord. Les Européens qui ont employé ce moyen dans toutes leurs excursions l'ont trouvé bien plus commode que de perdre le temps à faire des contrats et à les signer devant témoins. Une insulte à la barbe entraîne les plus graves conséquences, et, si elle n'est pas réparée à temps, il en résulte quelquefois des guerres et du sang. Les autorités turques, à Jérusalem, et les chefs de village menacent d'ôter la barbe et la coupent même souvent aux menteurs, à ceux qui ne tiennent pas leurs promesses et qui n'observent pas les ordonnances.

<small>Dr ERMETTE PIEROTTI, *Mœurs des anciens Juifs et des Arabes.*</small>

LE HACHICH

Le hachich est un extrait de la fleur de chanvre (*Cannabis indica*), que l'on fait cuire avec du beurre, des pistaches, des amandes et du miel, de manière à former une espèce de confiture assez ressemblante à la pâte d'abricot, et d'un goût qui n'est pas désagréable. C'était du hachich que faisait manger le Vieux de la Montagne aux exécuteurs des meurtres qu'il commandait, et c'est de là que vient le mot assassin, — *hachachin* (mangeur de hachich).

La dose d'une cuillerée suffit aux gens qui n'ont pas l'habitude de ce régal de vrai croyant. On arrose le hachich de quelques petites tasses de café sans sucre à la manière arabe, et puis on se met à table comme à l'ordinaire, — car l'esprit du chanvre n'agit qu'au bout de quelque temps.

Jusqu'à la fin du dîner je me sentis parfaitement calme, bien que les prunelles de mon autre convive commençassent à scintiller étrangement et à devenir d'un bleu de turquoise tout à fait singulier. Le couvert enlevé, j'allai m'asseoir, ayant encore ma raison, sur le divan, où je m'arrangeai le plus commodément possible pour attendre l'extase. Au bout de quelques minutes, un engourdissement général m'envahit. Il me sembla que mon corps se dissolvait et devenait transparent. Je voyais très nettement dans ma poitrine le hachich que j'avais mangé, sous la forme d'une émeraude d'où s'échappaient des millions de petites étincelles ; les cils de mes yeux s'allongeaient indéfiniment, s'enroulaient comme des fils d'or sur de petits rouets d'ivoire qui tournaient tout seuls avec une éblouissante rapidité. Autour de moi, c'étaient des ruissellements et des écroulements de pierreries de toutes couleurs, des arabesques, des ramages sans cesse renouvelés, que je ne saurais mieux comparer qu'aux jeux du kaléidoscope ; je voyais encore mes camarades à certains instants, mais défigurés, moitié hommes, moitié plantes, avec des airs pensifs d'ibis debout sur une patte, d'autruche battant des ailes d'une manière si étrange, que je me tordais de rire dans mon coin, et que, pour m'associer à la bouffonnerie du spectacle, je me mis à lancer mes coussins en l'air, les rattrapant et les faisant tourner avec la dextérité d'un jongleur indien.

Le premier accès touchait à la fin.

Une demi-heure s'était à peine écoulée que je retombai sous l'empire du hachich. Cette fois la vision fut plus compliquée et plus extraordinaire. Dans un air confusément lumineux, voltigeaient, avec un fourmillement perpétuel, des milliards de papillons dont les ailes bruissaient comme des éventails. De gigantesques fleurs au calice de cristal, d'énormes passeroses, des lis d'or et d'argent montaient et s'épanouissaient autour de moi avec une crépitation pareille à celle des bouquets de feux d'artifice. Des tons verts, rouges, bleus, jaunes, m'arrivaient par ondes parfaitement distinctes. Un verre renversé, un craquement de fauteuil, un mot prononcé bas, vibraient et retentissaient en moi comme des roulements de tonnerre ; ma propre voix me semblait si forte, que je n'osais parler, de peur de renverser les murailles ou de me faire éclater comme une bombe ; plus de cinq cents pendules me chantaient l'heure de leurs voix flûtées, cuivrées, argentines. Chaque objet effleuré rendait une note d'harmonica ou de harpe éolienne. Je nageais dans un océan de sonorité où flottaient, comme des îlots de lumière, quelques motifs de la *Lucia* ou du *Barbier*. Jamais béatitude pareille ne m'inonda de ses effluves.

A chaque minute, des flots de bonheur me traversaient, entrant et sortant par mes pores, car j'étais devenu perméable, et, jusqu'au moindre vaisseau capillaire, tout mon être s'injectait de la couleur du milieu fantastique où j'étais plongé. Les sons, les parfums, la lumière, m'arrivaient par des multitudes de tuyaux minces comme des cheveux, dans lesquels j'entendais siffler les courants magnétiques. A mon calcul, cet état dura environ trois cents ans, car les sensations s'y succédaient tellement nombreuses et pressées que l'appréciation réelle du temps était impossible. L'accès passé, je vis qu'il avait duré un quart d'heure.

THÉOPHILE GAUTIER, L'Orient.

L'ARABE ET SON CHEVAL

Un Arabe et sa tribu avaient attaqué, dans le désert, la caravane de Damas ; la victoire était complète, et les Arabes étaient déjà occupés à charger leur riche butin, quand les cavaliers du pacha d'Acre, qui venaient à la rencontre de cette caravane, fondirent à l'improviste sur les Arabes victorieux, en tuèrent un grand nombre, firent les autres prisonniers, et, les ayant attachés avec des cordes, les emmenèrent à Acre pour en faire présent au pacha. Abou-el-Marsch, c'est le nom de cet Arabe, avait reçu une balle dans le bras pendant le combat; comme la blessure n'était pas mortelle, les Turcs l'avaient attaché sur un chameau, et, s'étant emparés du cheval, emmenaient le cheval et le cavalier. Le soir du jour où ils devaient entrer à Acre, ils campèrent, avec leurs prisonniers, dans les montagnes de Japhad; l'Arabe blessé avait les jambes liées ensemble par une courroie de cuir, et était étendu près de la tente où couchaient les Turcs. Pendant la nuit, tenu éveillé par la douleur de sa blessure, il entendit son cheval hennir parmi les autres chevaux entravés autour des tentes selon l'usage des Orientaux; il reconnut sa voix, et, ne pouvant résister au désir d'aller encore une fois au compagnon de sa vie, il se traîna péniblement sur la terre, à l'aide de ses mains et de ses genoux, et parvint jusqu'à son coursier. « Pauvre ami, lui dit-il, que feras-tu parmi les Turcs? Tu seras emprisonné sous les voûtes d'un khan avec les chevaux d'un aga ou d'un pacha; les femmes et les enfants ne t'apporteront plus le lait du chameau, l'orge ou le dourra dans le creux de la main; tu ne courras plus libre dans le désert, comme le vent d'Égypte; tu ne fendras plus du poitrail l'eau du Jourdain, qui rafraîchissait ton poil aussi blanc que ton écume; qu'au moins, si je suis esclave, tu restes libre! Tiens, va, retourne à la tente que tu connais, va dire à ma femme qu'Abou-el-Marsch ne reviendra plus, et passe la tête entre les rideaux de la tente pour lécher la main de mes petits enfants. » En parlant ainsi, Abou-el-Marsch avait rongé, avec ses dents, la corde de poil de chèvre qui sert d'entraves aux chevaux arabes, et l'animal était libre; mais, voyant son maître blessé et enchaîné à ses pieds, le fidèle et intelligent coursier comprit, avec son instinct, ce qu'aucune langue ne pouvait lui expliquer; il baissa la tête, flaira son maître, et, le saisissant avec les dents par la ceinture de cuir qu'il avait autour du corps, il partit au galop et l'emporta jusqu'à ses tentes. En arrivant et en jetant son maître, sur le sable, aux pieds de sa femme et de ses enfants, le cheval expira de fatigue. Toute la tribu l'a pleuré, les poëtes l'ont chanté, et son nom est constamment dans la bouche des Arabes de Jéricho.

LAMARTINE, *Voyage en Orient*.

LES DRUSES

Rien n'est plus imposant et plus riche que le costume et l'armure de ces guerriers druses. Leur turban immense et sur lequel serpentent, en rouleaux gracieux, des châles de couleurs éclatantes, projette sur leur visage bruni et sur leurs yeux noirs une ombre qui ajoute encore à la majesté et à la sauvage énergie de leur physionomie; de longues moustaches couvrent leurs lèvres et retombent des deux côtés de la bouche; une espèce de tunique courte et de couleur rouge est un vêtement uniforme pour tous les Druses et pour tous les montagnards. Cette tunique est, selon l'importance et la richesse de celui qui la porte, tissue en coton et or, ou seulement en coton et soie; des dessins élégants, où la diversité des couleurs contraste avec l'or ou l'argent du tissu, brillent sur la poitrine ou sur le dos. D'immenses pantalons à mille plis couvrent les jambes; les pieds sont chaussés de bottines en maroquin rouge et de pantoufles de maroquin jaune par-dessus la bottine. Des vestes fourrées, à manches pendantes, sont jetées sur les épaules. Une ceinture de soie ou de maroquin, semblable à celle des Albanais, entoure le corps de ses plis monstrueux et sert au cavalier à porter ses armes. On voit toujours les poignées de deux ou trois kangiars ou yatagans, poignards et sabres courts des Orientaux, sortir de cette ceinture et briller sur la poitrine;

ordinairement les talons de deux ou trois pistolets incrustés d'argent ou d'or complètent cet arsenal portatif. Les Arabes ont tous, en outre, une lance dont le manche est d'un bois mince, souple et dur, semblable à un long roseau. Cette lance, leur arme principale, est décorée de houppes flottantes et de cordons de soie ; ils la tiennent ordinairement dans la main droite, le fer vers le ciel et la tige touchant jusqu'à terre ; mais, quand ils lancent leurs chevaux au galop, ils la brandissent horizontalement au-dessus de leur tête, et, dans leurs jeux militaires, ils la lancent à une distance énorme et vont la ramasser en se penchant jusqu'à terre. Avant de la lancer, ils lui impriment longtemps un mouvement d'oscillation qui ajoute ensuite beaucoup à la force du jet et la fait porter jusqu'à un but qu'ils désignent.

LAMARTINE, *Voyage en Orient*.

LA CARAVANE DE DAMAS

En une seule nuit, s'était élevée une ville entière de tentes de toutes formes et de toutes couleurs, depuis le magnifique pavillon du pacha, avec un croissant doré et sa tenture de châles précieux, jusqu'à l'humble abri en toile verte du marchand de tabac. Ces tentes étaient rangées dans un ordre admirable, tantôt formant de longues allées là où un passage était nécessaire, tantôt serrées en groupes épais. Mais comment décrire l'agitation qui règne dans cette foule et les bruits multipliés qui s'en échappent ? Ici, les grands dromadaires blancs de la Syrie font retentir leurs grosses clochettes ; les hautes litières dont ils sont chargés paraissent autant de pavillons qui se balancent au-dessus de la foule mobile. Là, des Bédouins s'avancent sur leurs chamelles en se tenant accrochés aux bosses velues du pesant animal. Plus loin, ce sont des cavaliers albanais, turcs ou kurdes, qui, dans leur gaieté brutale, semblent féroces.

Des vendeurs ambulants de sorbet ou de tabac crient leurs marchandises. Des Arabes de la campagne guident à grand'peine, avec des clameurs incessantes, leurs troupeaux de moutons et de chèvres à travers les chevaux qui piaffent et qui hennissent. Des pèlerins luttent entre eux d'empressement pour visiter le sanctuaire, se glissent à travers les jambes des chameaux, et, dans leur précipitation, sont renversés par les cordes qui soutiennent les tentes. Le fort de la ville salue de ses canons l'arrivée de la caravane. Les petits garçons poursuivent de leurs injures les Persans hérétiques. De beaux vieux chefs arabes arrivent majestueusement, précédés par leurs valets qui exécutent une danse de guerre. On décharge les fusils; on brûle de la poudre aux oreilles des passants; on brandit des sabres; on accomplit des sauts frénétiques qui font flotter au gré du vent des haillons aux couleurs brillantes. De grands personnages, montés sur des mules ou marchant à pied, sont précédés de leurs coureurs armés de cannes, qui, à grands cris, s'efforcent de leur faire faire place. Des plaintes aiguës, qui s'échappent de bouches de femmes et d'enfants, annoncent que deux litières se sont violemment accrochées. Enfin, les gémissements désespérés de quelques misérables indiquent trop clairement qu'ils ne cherchent qu'un endroit écarté pour y mourir en paix. Ajoutez à ce spectacle une atmosphère d'épaisse poussière sous un soleil resplendissant, qui çà et là tire une étincelle des armes d'acier que portent les cavaliers ou des ornements de cuivre qui surmontent les tentes et les litières.

R. BURTON, *traduit de l'anglais, dans la Description de l'Arabie par le* BARON D'AVRIL.

LE BÉDOUIN ET SON CHAMEAU

Le Bédouin partage avec son chameau ses plaisirs et ses peines, et, chemin faisant, il lui raconte, pour le distraire de ses fatigues, les prouesses de sa jeunesse ou des anecdotes que les anciens lui ont transmises. Le chameau parcourt plusieurs lieues de son pas lent et mesuré, pendant qu'il écoute attentivement et avec plaisir les récits de son maître. Lorsque celui-ci est content de son courage, il lui parle de ses ancêtres et de sa famille, en lui disant que la race dont il descend était une des plus renommées pour les longs voyages, et lui promet une heureuse vieillesse et une nombreuse postérité.

Il lui parle en ces termes : « Tes aïeux ont été de tout temps les serviteurs des miens ; tu dois savoir que l'un d'eux les transporta souvent d'un pays dans un autre sans se plaindre ; je vois que tu es digne d'eux et capable de soutenir leur vieille réputation ; pour te prouver ma satisfaction, je te promets que nous serons toujours amis, et je vais te raconter les hauts faits de ma famille et la gloire de ma tribu. » Alors, nonchalamment couché sur le dos de notre animal, il commence une narration longue et variée, semée de ces métaphores brillantes dont l'imagination des Orientaux est si prodigue.

Lorsque son récit est terminé, il lui fait une foule de promesses séduisantes, lui donne le plaisir de la pipe en lui jetant dans les narines quelques bouffées de fumée ; il lui assure qu'il sera le premier d'entre tous ses chameaux, qu'il le mariera, lui fera un sort digne d'envie, ne négligera rien de ce qui pourra le rendre heureux, et, dans sa conversation, il ne manque jamais de lui donner le titre d'ami, de frère, et d'autres noms les plus chers. Dans ses moments de gaieté, l'Arabe lui chante des chansons que le chameau écoute très attentivement ; et, pour lui prouver le plaisir qu'il ressent, il presse fortement les mâchoires, grince des dents, et tourne la tête vers celui qui chante pour lui prêter une plus grande attention. Alors, absorbé par cette sauvage harmonie, il semble oublier le fardeau dont il est chargé, et franchit des espaces incroyables dont les maîtres transmettent le souvenir à leurs descendants.

Mais, si l'aridité du désert est affreuse, et qu'il montre, par des signes certains, une fatigue supposée ou sa mauvaise volonté, le maître irrité l'accable d'imprécations, au lieu des bienfaits qu'il lui promettait et des vœux qu'il formait pour son bonheur. « Enfant de chien (*ibn-el-keb*), lui dit-il, *haoudi* (juif), *nosserani* (chrétien), as-tu oublié que tu descends d'une race maudite et que tu es mon serviteur ? Sais-tu que dans ce moment je puis te tuer sans que personne ait le droit de s'opposer à ma volonté ? »

Maurice Tamisier, *Voyage en Arabie*.

LES KURDES

Les Kurdes qui venaient nous visiter étaient grands et robustes : leur nez fortement aquilin et leurs yeux grands et profondément enfoncés sous l'orbite leur donnaient un type tout particulier, très différent de celui des Turcs ; leur physionomie se rapprochait plutôt de celle de certains Arméniens, quoique leurs traits fussent plus anguleux.

Le plus souvent les Kurdes se rasent la tête et portent des moustaches ; les vieillards seuls laissent croître toute leur barbe. Leur costume est élégant et semble commode : il se compose d'un large pantalon de poil de chèvre qui descend jusqu'à la cheville, et d'une robe ouverte sur le devant et les côtés, dont les manches élargies à partir du coude laissent passer celles de la

chemise, qui tombent souvent jusqu'au sol. Par-dessus la robe, ils portent une petite veste brodée de laine noire. Les manches de ce vêtement, presque détachées aux épaules, pendent derrière le dos. Ils ceignent leur taille d'un large châle de laine dans les plis duquel ils assujettissent leurs pistolets et leurs poignards. Les cavaliers se chaussent de bottes de cuir rouge dont la tige est

Types kurdes.

plissée. Les piétons lacent autour de leurs pieds des bottines montantes dont le bout est pointu et très relevé. Leur coiffure, qui est pittoresque, sied bien à leur visage martial : elle consiste en un haut bonnet de feutre en forme de pain de sucre, autour duquel ils enroulent un ou plusieurs châles de coton, de laine ou de soie, à couleurs tranchantes. La grosseur de la coiffure semble être un signe de distinction, car celle des chefs ou begs prend souvent des proportions formidables ; les costumes de ces begs sont quelquefois d'une grande richesse.

Les Kurdes se couvrent pendant l'hiver d'un large et épais manteau de poil de chèvre noir, nommé aba; ils le remplacent en été par un manteau léger de mousseline de laine, orné d'application de cotonnade blanche, découpée en dessins très originaux.

Les femmes se montraient devant nous le visage découvert; leurs traits étaient très réguliers.

Les filles n'ont pas de costume bien particulier; elles se couvrent la tête d'un voile blanc de la grandeur d'une serviette. En marchant, elles relèvent leur robe jusqu'à mi-jambes sur un large pantalon fermé à la cheville. Ces deux parties de leur vêtement sont le plus souvent en épaisse cotonnade rouge fabriquée à Bitlis.

Le village où nous venions de nous arrêter se composait d'une vingtaine de tentes et de trois ou quatre mauvaises maisons de pierres et de terre. Les tentes étaient vastes et divisées en deux ou trois compartiments. Elles sont en forme de dôme et couvertes d'un épais tissu de laine brune; la partie inférieure est entourée d'une claie de roseau ou d'un treillage en lattes. Un trou creusé dans le milieu de chaque tente sert de foyer; aussi cette habitation est-elle le plus souvent remplie de fumée. Durant la nuit, les chevaux et les autres bestiaux sont attachés à des piquets en dehors des tentes, ou renfermés entre des claies.

THÉOPHILE DEYROLLE, *Voyage dans le Lazistan et l'Arménie*
(*Tour du monde*).

MŒURS DE BAGDAD

PRÉLIMINAIRES D'UN MARIAGE

Lorsqu'un jeune homme veut se marier, sa famille, après s'être entendue avec celle de la jeune fille, convient d'un jour pour discuter solennellement, et pour la forme, les conditions d'une union convenue d'avance. Au jour désigné, les parents du garçon, les hommes seulement, se rendent avec le *chef de la nation* (chaque croyance a un chef ainsi dénommé) à la maison de la jeune fille. Ils débutent en exposant l'objet de leur visite, mais, pour toute réponse, on leur parle du beau temps, de la pluie, de la politique, des nouvelles de la ville ; ce n'est qu'après les avoir fait longtemps attendre, et comme si l'on n'était nullement pressé de conclure, qu'on finit par les satisfaire en confirmant définitivement une parole déjà donnée. Des cris de joie annoncent aux voisins l'heureuse décision. Le chef de la nation reçoit le consentement de la fille, et donne son approbation à cette première partie des fiançailles, qu'on désigne sous le nom de *chotbé*.

A ce premier acte en succède un autre, appelé *nischan*, qui complète les fiançailles. Les femmes de la famille du prétendu, qui n'avaient pas accompagné les hommes lors de la demande officielle, vont cette fois avec eux offrir à la fiancée un bijou de la part de son futur. Admises auprès d'elle, la plus âgée remet le bijou en question au chef de la nation, lequel le bénit d'après les cérémonies de sa religion, et, comme c'est ordinairement une bague, il la met au doigt de la jeune fille, après lui avoir demandé toutefois si elle persiste dans son consentement au mariage. Le fiancé, pour cette cérémonie, a également soin d'envoyer chez sa future une grande quantité de sucre et de bonbons de toute espèce. Ce sucre parfumé, que l'on fait fondre dans de grands vases, produit une boisson dite *scherbet*, que l'on boit à la ronde, tout en félicitant les fiancés et en faisant des vœux pour leur bonheur. On distribue aussi ce sirop de noces dans les maisons voisines, et l'on en fait porter chez les amis qui n'ont pas assisté aux fiançailles. Ceux qui en boivent prennent, dit-on, l'engagement de se marier à bref délai. Cette cérémonie terminée, on se rend à la maison du fiancé pour lui offrir des félicitations; après quoi l'on se retire.

LA TOILETTE DU MARIÉ

Le dimanche soir, on fait au futur marié la barbe en grande cérémonie, en présence de tous les parents et amis invités au mariage, qui a toujours lieu fort avant dans la soirée. Après le souper, on installe un fauteuil au milieu de la salle, l'époux y prend place, et le barbier le rase et le peigne, pendant que tous les jeunes gens sont autour de lui à chanter et à danser sous la présidence de deux d'entre eux, dont l'un lui sert de parrain et l'autre est son *sardouge*, ou garçon de noces, ce qu'on appelle en France garçon d'honneur. Lorsque le barbier a terminé son office, on ôte au fiancé ses vêtements et on le revêt de ses habits de noces. Ce soin regarde exclusivement les jeunes gens non mariés, et à chaque objet nouveau qui entre dans cette toilette, ils chantent un verset d'une chanson turque qui veut dire : « Béni soit tel objet destiné à notre époux ! Mille fois soient bénis l'objet et l'époux ! » La toilette achevée, les invités se rendent tous en corps à la maison de la mariée pour chercher la portion de *henné* que celle-ci a réservée pour l'usage de son époux; le futur marié, pendant ce temps, reste dans la compagnie de son parrain, placé à sa droite, et de son sardouge, qui se tient à sa gauche. Ils rentrent suivis d'une sage-femme qui apporte la précieuse teinture, et c'est elle qui en fait l'application sur la main droite du mari, sur celle de son parrain, de son garçon d'honneur et de tous les jeunes célibataires présents. Les Turcs et les Juifs teignent les quatre doigts de la main droite, à l'exception du pouce; les chrétiens ne teignent que le petit doigt. Les uns et les autres, pour garantir cette teinture, enveloppent leurs doigts jaunis d'un mouchoir brodé qu'ils reçoivent en cadeau du fiancé comme un souvenir de leur mariage. Après tous ces préliminaires, on sort en cortège pour se rendre à la demeure de la jeune fille.

CÉRÉMONIE FUNÈBRE

Lorsqu'un homme vient à mourir, tous ses parents et ses amis se rendent, le jour des obsèques, à la maison mortuaire. Les hommes sont reçus dans une pièce où ils restent seuls, et les femmes se réunissent dans la chambre où se trouve le cadavre du défunt. Après une première explosion de douleur, elles s'asseoient par terre en rond autour du corps, et les chants commencent. Une chanteuse en titre entonne le premier couplet d'une ode ou plutôt d'une complainte que l'assistance achève en pleurant. Les autres couplets se succèdent indéfiniment, au milieu des démonstrations d'une douleur croissante. Cette poésie funèbre, dont la tradition fournit le cadre, mais où l'inspiration personnelle joue un grand rôle, est consacrée à la louange de la personne décédée, et rien n'est oublié de ce qui peut provoquer les larmes. En entendant cette psalmodie, mêlée de sanglots, les hommes rassemblés dans la pièce voisine entrent aussi en bruyantes lamentations, et cela dure ainsi pendant deux ou trois heures, après lesquelles les femmes procèdent à la toilette du mort, qui est porté, dans la soirée, à sa dernière demeure.

Le lendemain et les deux jours suivants, les parents et amis se retrouvent à la maison pour renouveler la même scène. Les premiers pleurs, et les gémissements durent une demi-heure, après laquelle on se repose, on fume et l'on prend du café, tout en s'entretenant du défunt, de ses mérites, de sa maladie, attribuant sa mort à tel médicament improprement pris, à telle négligence ou à telle imprudence. Toute la matinée se passe ainsi en longues conversations, coupées par de fréquentes recrudescences de lamentations et de pleurs. Vers midi, un déjeuner copieux est servi. On se met à table, on vide de nombreux verres de vin et de liqueur à la mémoire du trépassé, et, lorsqu'on a bien mangé et bien bu, on se sépare, se donnant rendez-vous pour la réunion du soir, terminée également par un repas. Les choses durent ainsi pendant trois jours consécutifs.

Baron LYCKLAMA A NIJEHOLT. *Voyage en Russie, en Perse, etc.*

TRANSCAUCASIE, PERSE ET TURKESTAN

LES PROCESSIONS DE MARTYRS EN TRANSCAUCASIE

Une procession immense sort de la ville de Choucha, escortée par toute la population.

Mêlé à la foule, sur la place publique, j'attendais l'heure du spectacle, peinture vivante d'un fanatisme et d'une sauvagerie qui ne sont plus de notre temps.

Des cris prolongés de Gousseim! Gousseim! annoncèrent l'approche de la procession, qui est tous les ans la même.

En avant paraissent ceux qu'on appelle les balafrés (coupés, tailladés). Ce sont plusieurs centaines d'hommes qui marchent sur deux rangs; leur main droite porte un sabre dont le tranchant est tourné vers leur visage.

La peau de la tête de ces fanatiques est tailladée par ces sabres; le sang ruisselle des plaies; la figure est comme voilée par un sang rouge foncé qu'a coagulé la chaleur du soleil; on ne voit que le blanc des yeux et les dents blanches sous ce masque de sang figé goutte à goutte.

Chacun d'eux est revêtu d'un drap blanc empesé, pour que le sang ne coule point sur leurs vêtements.

Au milieu des rangs des *balafrés*, marchent les principaux héros du jour, cherchant la gloire d'être comparés à Hossein lui-même, en s'imposant des tortures. A moitié nus, ils se font des blessures à l'aide d'objets tranchants qu'ils s'enfoncent dans la chair. Sur la face, ils portent une sorte de crénelure semblable à celle d'une couronne, formée de petits pieux de bois qui entrent sous la peau du front et des pommettes, jusqu'auprès des oreilles, auxquelles sont suspendus de petits cadenas et de petits miroirs pliants. D'autres miroirs semblables sont attachés à leurs mains, à leur poitrine, à leur estomac, par des crochets en fil d'archal qui les font pénétrer sous la peau. Sur la poitrine et sur le dos, les pointes de deux poignards formant la croix sont posées si près de la chair qu'il peut suffire du moindre mouvement pour qu'elles entament la peau. Aux côtés, deux sabres s'entre-croisent dans des positions semblables. A l'extrémité de ces armes, sont suspendues des chaînes en cuivre ou de plus lourdes en fer, suivant la ferveur du martyr. Le corps de ces fanatiques est seulement couvert de minces baguettes de fer ou de bois, plus ou moins rapprochées; c'est une sorte de cotte destinée à amoindrir la douleur. Ceux qui peuvent parader devant le peuple sans se faire trop de mal s'enfoncent peu ou point tous ces objets sous la peau, mais en les y attachant avec un art qui de loin les fait paraître comme fixés dans la chair même.

Cette seconde série de pénitents est beaucoup moins nombreuse que celle des *balafrés*; elle se réduit même le plus ordinairement aujourd'hui à cinq ou six individus.

J'ai vu plusieurs de ces malheureux tombant sans connaissance, emportés de la procession par leurs parents, ou soutenus et conduits avec les autres, malgré leur état de complet épuisement.

Ceux qui viennent ensuite jouent un rôle moins dramatique dans l'expiation générale. Ils sont vêtus de deuil; leurs surtouts, courts, noirs ou violets, sont déboutonnés sur la poitrine, qu'ils frappent en poussant le cri général. Quelques-uns toutefois ne se contentent pas de se frapper avec la paume de la main; ils veulent faire preuve de plus de piété en s'imposant quelques souffrances et se donnent force coups avec de lourdes briques; aussi leur poitrine devient-elle en peu de temps couleur ponceau.

Le peuple se rue en foule sur le passage de la procession, et crie :

« Voici nos justes, les soutiens de notre piété!... »

Vereschaguine, *Voyage dans les provinces du Caucase*,
traduit du russe par Le Barbier (*Tour du Monde*).

Procession des martyrs.

LES MANGEURS D'OPIUM

Un jour, je me trouvais avec un douvana, mangeur d'opium, un squelette plutôt qu'un être vivant. Haut de taille, le visage horriblement blême et jaune, il entendait, il voyait à peine ce qui se passait autour de lui. Mes paroles arrivaient comme un son vague à ses oreilles, il ne desserrait pas la bouche.

Tout à coup, il vit une bille d'opium dans ma main, son masque impassible s'illumina, ses yeux s'ouvrirent démesurément, ses narines se dilatèrent, il s'élança sur moi : « Donne, donne! » cria-t-il. Mais je me reculai en cachant mon opium ; alors le squelette commença à se tordre, la face devint grimaçante : « Donne-moi le *beng* (opium), oh! donne-le-moi! » répétait-il comme un enfant ; et quand je lui en eus remis un morceau, il le saisit des deux mains, s'accroupit contre la muraille, et, semblable au chien qui ronge un os, il mangea silencieusement et avec délices. Bientôt un sourire étrange contracta son visage, il murmura des mots sans suite et entra dans une extase mêlée de quelques spasmes.

C'est alors qu'un autre fanatique d'opium vint troubler sa volupté, en se précipitant sur lui, en lui arrachant soudain le reste de la bille et en l'engouffrant à pleine gorge. Mon squelette fit un soubresaut, la haine et la vengeance animaient sa figure bestiale : « Rends-le, rends-le! » criait-il en attaquant avec fureur son camarade en passion. Je crus qu'ils allaient se déchirer.

Les kalenterkhanes ne servent pas seulement d'asile aux mendiants, ils tiennent en même temps le milieu entre nos restaurants, nos cafés et nos clubs ; le fumeur de nacha ou d'opium qui n'ose ou ne peut satisfaire son vice chez lui, prend le chemin du kalenterkhane, l'ivrogne y va boire son kouknar, le bavard y porte les nouvelles, le curieux y va recueillir les bruits du jour.

VERESCHAGUINE, *Voyage dans l'Asie centrale*,
traduit par Le Barbier (*Tour du Monde*)

BAZAR PERSAN

Je ne crois pas qu'il y ait de lieu au monde où l'on s'amuse plus continuellement que dans un bazar de Téhéran, d'Ispahan ou de Chiraz. C'est une conversation qui dure toute la journée, sous ces grandes arcades voûtées où la foule se presse perpétuellement aussi bigarrée que possible. Les marchands sont assis sur le rebord des boutiques où les marchandises s'étalent avec un art d'exposition que nous avons imité et perfectionné. Les loutys coudoient la foule le bonnet de travers, la poitrine débraillée, la main sur le gâmâ. Les aveugles chantent. Un raconteur d'histoire s'est emparé du chemin et hurle à pleins poumons les douleurs ou les attendrissements, ou les paroles édifiantes d'un roman. Là passent des Kurdes, avec leur turban énorme et leur physionomie sombre et sérieuse. Au milieu d'eux, se glissent, semblables à des anguilles, des mirzas, l'encrier à la ceinture, gesticulant comme des possédés et riant à grands éclats; dans leur marche précipitée, ils tombent sur une file de mulets chargés de marchandises, qui sont arrêtés à leur tour par de longs chameaux venant en sens inverse. La question pour la foule est de passer au milieu de ce conflit; ce qui est certain, c'est qu'elle y passe. Un derviche, avec ses cheveux épars, son bonnet rouge brodé en soie de couleur, le corps à demi nu, la hache sur le dos, et faisant sonner une grosse chaîne de fer, s'entretient familièrement avec un moullah, marchand de livres, ou un tourneur qui lui fabrique un tuyau pour son kalyan.

Là-dessus passe un gentilhomme afghan à cheval, suivi d'une troupe de ses stipendiés. C'est la figure dure, sauvage, intrépide des lansquenets, et c'est aussi leur air débraillé. Turbans bleus collés sur la tête, habits de couleur sombre déguenillés, de grands sabres, de grands couteaux, de longs fusils et de petits boucliers sur l'épaule, de vrais pandours, et, dans toute cette cohue, des troupeaux de femmes. Elles errent deux à deux,

quatre à quatre, très souvent seules, toutes uniformément couvertes d'un voile de coton, rarement de soie, gros bleu, qui les entoure depuis le sommet de la tête jusqu'aux pieds. Le visage est étroitement caché par une bande de toile blanche qui s'attache derrière la tête, par-dessus le voile bleu, et, retombant devant jusqu'à terre, rend impossible d'apercevoir ni de deviner les traits. Un carré brodé à jour à la hauteur des yeux leur permet de voir très bien et de respirer à travers ce *rou-bend* ou *lien de visage*. Sous le voile bleu appelé *tchader*, qui est surtout destiné à envelopper depuis la tête jusqu'aux genoux de la personne, se met encore un vaste pantalon à pied qui contient les jupes et qu'on ne revêt que pour sortir. Ainsi calfeutrées, enfermées, les femmes cheminent en traînant leurs petites pantoufles à talons avec un balancement qui n'a rien de gracieux, et viennent s'accroupir au bas de la boutique des marchands d'étoffes, faisant déplier des monceaux de pièces de toile, des soieries, des cotonnades, discutant, comparant, ne se décidant pas, et enfin se levant et s'en allant maintes fois sans avoir rien acheté, comme cela se pratique dans d'autres pays encore, et tout cela sans avoir soulevé le moindre bout de leurs voiles.

Et tandis que les marchands font assaut d'éloquence et de persuasion pour arrêter ces goûts si incertains et si changeants, tous les propos et les cancans de la ville débordent de boutique en boutique.

A. DE GOBINEAU, *Voyage en Perse* (*Tour du Monde*).

LES VISITES EN PERSE

Les heures qui ne sont pas données au bazar sont absorbées par les visites.

Quand on veut aller voir quelqu'un, on commence, le plus souvent, par lui envoyer un domestique pour s'informer de ses nouvelles et lui faire demander si tel jour, à telle heure, on pourra venir le voir sans le déranger. Dans le cas où la réponse est favorable, on se met en route, et l'on arrive au moment indiqué, qui n'est jamais très rigoureusement défini, et qui ne peut pas l'être, vu la manière dont les Persans calculent le temps. Une heure après le lever du soleil est une bonne heure pour aller voir quelqu'un, parce qu'il ne fait pas encore trop chaud; ou bien encore à l'*asr*, c'est-à-dire tout le temps de la troisième prière, dont, par parenthèse, les Persans se dispensent très souvent. Quand quelqu'un doit venir à l'*asr*, on peut l'attendre depuis trois heures de l'après-midi jusqu'à six heures, et il ne se trouve pas en retard. Comme le temps ne compte pour rien, être en retard ne serait d'ailleurs pas un tort, ou bien c'en est un que tout le monde partage.

On se met donc en route avec le plus de serviteurs possible, le djelodâr marchant devant la tête du cheval, la couverture brodée sur l'épaule; derrière le maître, vient le kalyandjy, avec son instrument. On chemine ainsi au pas dans les rues et les bazars, salué par les gens de sa connaissance, donnant aux pauvres.

On arrive enfin à la porte où l'on doit s'arrêter, et l'on met pied à terre. Les domestiques marchant en avant, on pénètre par différents couloirs toujours bas et obscurs, et souvent on traverse une ou deux cours jusqu'à la maison. Êtes-vous d'un rang supérieur, le maître du logis vient lui-même vous recevoir à la première porte. En cas d'égalité, il vous envoie son fils ou l'un de ses jeunes parents. Alors a lieu un premier échange de politesse : « Comment votre excellence ou votre seigneurie a-t-elle conçu la pensée miséricordieuse de visiter cet humble logis? » De son côté on répond, en s'exclamant sur l'excès d'honneur qui vous est fait : « Comment daignez-vous ainsi venir au-devant de votre esclave? Me voici dans une confusion inexprimable; je suis couvert de honte par excès de bontés. »

En devisant ainsi, on arrive jusqu'à la porte du salon où l'on doit entrer. Ici on fait assaut de civilités pour ne pas passer le premier. Le maître vous affirme que vous êtes chez vous, que tout doit vous obéir dans cette pauvre chaumière; vous vous défendez avec modestie, vous jurez d'être résolu à n'en rien faire, puis vous quittez vos chaussures, votre hôte en fait de même, et vous entrez.

Vous trouvez généralement réunis tous les hommes de la famille, qui sont là pour vous faire honneur. Ils se tiennent debout, rangés contre le mur. Ils s'inclinent à votre arrivée et vous répondent par un salut général, puis le maître vous mène dans le coin de la salle, où il veut vous faire asseoir au haut bout, ce dont vous recommencez à vous défendre avec un surcroît de protestations. L'assistance sourit à cet aimable combat qui prouve, de la part des deux acteurs, une excellente éducation. Enfin, vous prenez place, et votre hôte également. Sur votre prière, ce dernier fait un signe à son monde, qui remercie et s'assoit de même.

Quand chacun est casé, vous vous tournez d'un air aimable vers votre hôte et vous lui demandez si, grâce à Dieu, son nez est gras. Il vous répond : « Gloire à Dieu, il l'est, par l'effet de votre bonté ! » — « Gloire à Dieu ! » répliquez-vous. Ensuite vous vous inclinez vers le plus proche voisin, dont le rang d'ordre indique assez les droits particuliers à la considération, et, de la même manière, vous vous enquérez si, grâce à Dieu, sa santé est bonne. Sur une réponse qui est toujours affirmative et accompagnée d'un *gloire à Dieu*, d'un *par l'effet de votre faveur*, vous passez à un troisième et ainsi de suite, tant qu'il y a d'assistants, ayant soin toutefois de nuancer votre question de manière à marquer une différence décroissante d'empressement, à mesure que vous descendez vers ceux qui sont placés le plus près de la porte. Là, vous ne faites plus guère de questions, et une inclination aimable suffit.

Cette cérémonie ne laisse pas que de durer quelque temps. Quand elle est finie, vous revenez à votre hôte, et il n'est pas mal de lui redire, avec un air de tête tout à fait caressant, et comme si vous ne l'aviez pas vu depuis quinze jours : « Votre nez est-il gras, s'il plaît à Dieu? » Ce à quoi il replique du même ton : « Il l'est, grâce à Dieu, par l'effet de votre miséricorde ! »

A. DE GOBINEAU, Voyage en Perse (Tour du Monde).

CHASSE A LA GAZELLE

.... Le lendemain, ce fut le tour de la chasse aux gazelles. Nous partîmes avant le lever du soleil. Le faucon avait été soumis à un grand jeûne, et les lévriers était tout aussi affamés. Deux hommes d'un camp d'Illyatés, où nous étions, guidaient notre petite troupe. Ils étaient toujours les premiers à signaler la présence, au loin, des animaux que nous cherchions; nos yeux avaient beaucoup de peine à découvrir quoi que ce fût dans la direction qu'ils nous indiquaient; la bête n'apparaissait à l'horizon que comme une légère tache jaunâtre. L'étendue de la vue et de l'ouïe de ces habitants des grandes solitudes est prodigieuse.

Dès que la présence des gazelles est signalée, on avance avec précaution pour reconnaître leur nombre et la direction qu'elles suivent en paissant. Le terrain détermine le genre de chasse que l'on doit faire.

Si l'on se décide pour la chasse à courre, le faucon ainsi que

les chiens approchent le plus qu'ils peuvent, toujours maintenus dans la direction du gibier, et les cavaliers se groupent de manière à couvrir le moins d'étendue possible. Les gazelles, cependant, ne sont pas longtemps à s'apercevoir qu'il se passe quelque chose d'extraordinaire non loin d'elles ; un moment, elles observent l'espace avec leurs grands yeux limpides, elles semblent le sonder avec leur nez si fin et leurs oreilles si mobiles ; puis, comme leur seule défense est dans la célérité, elles prennent une avance qu'il est souvent très difficile de diminuer. C'est le signal : l'oiseau fend l'air, les lévriers partent, les gazelles bondissent et touchent à peine la terre, les chasseurs s'élancent, se séparent, et, selon la force des jarrets de leurs chevaux, galopent avec fureur dans diverses directions, longtemps, très longtemps ; le plus souvent, les chiens, qui avaient d'abord pris une certaine avance, ne gagnent plus de terrain, mais ils courent toujours. On lâche un relais de nouveaux lévriers, portés en travers sur les chevaux ou dans des paniers. Le dénouement favorable dépend de la bonne entente des forces de la terre et de l'air. Au milieu du troupeau des gazelles, le faucon choisit sa victime ; les chiens, qu'il précède, se guident sur lui : il gagne, il atteint, sa serre terrible s'appesantit sur la tête de l'animal, dont la vue est obscurcie par le battement réitéré de ses ailes. La gazelle, chancelante, retardée, cherche en vain, par des mouvements désordonnés, à se débarrasser du poids qui l'obsède, et à rejeter l'oiseau implacable dont la férocité augmente à mesure que les forces de la victime diminuent. Cependant, les chiens arrivent et attaquent les jambes de derrière, en présence des cavaliers les plus lestes, qui assistent à l'agonie du pauvre animal dont le faucon a déjà mangé les yeux.

Si le faucon ne donne pas jusqu'au bout, et si l'on n'a pas de relais, il faut rappeler les chiens, que les gazelles fatigueraient inutilement.

On explique cette habitude du faucon d'attaquer d'abord les yeux de la gazelle par la manière dont il est dressé à la chasse : le fauconnier emploie, d'ordinaire, un animal empaillé dont les orbites sont remplis de viande; l'oiseau décoiffé s'abat sur la tête du mannequin et trouve sa nourriture aux yeux de cette victime inerte.

Émile Duhousset, *Les chasses en Perse* (*Tour du Monde*).

LES KALMOUKS DU TURKESTAN

Au bout d'une demi-heure, nous atteignîmes un petit campement d'hiver des Kalmouks. Il nous était apparu de loin comme une masse noire allongée tout au bord de la rivière. Des créatures sordides, de petite taille, s'agitaient autour de leurs demeures; elles parurent s'effrayer à notre approche et se cachèrent dans leurs tanières; six individus seulement restèrent dehors et vinrent au-devant de nous. Ce qui s'était caché, c'étaient les femmes et les enfants. Une vingtaine de chiens maigres, de couleurs diverses, entourèrent nos chevaux en sautant et en aboyant avec fureur. Mon domestique kirghiz mit en œuvre son long fouet, qui contint la meute à une distance respectueuse.

Ce campement d'hiver consistait en une habitation en feutre, très largement établie et entourée d'une haie de roseaux, en deux ou trois huttes de terre battue, avec de petites ouvertures servant d'entrée, et en un mur, à demi ruiné, de terre glaise, derrière lequel se tenaient quelques mulets d'assez grande taille et un énorme chameau efflanqué chargé de guenilles. Nous nous disposions à nous reposer là; mais nous ne pûmes nous décider à entrer dans une de ces tanières, tant était infecte l'odeur mêlée de fumée qui s'en échappait. Nous choisîmes à quelque distance un endroit sec et libre de neige pour y attacher nos chevaux et y étendre nos tapis.

Les habitants de ce campement, qui d'abord nous avaient regardés avec crainte et défiance, s'enhardirent bien vite et entourèrent notre halte, pour suivre avec curiosité chacun de nos mouvements. Il y avait sept hommes, en comptant deux vieillards décrépits, à petites tresses de cheveux grisonnants, onze femmes et une quantité d'enfants de tous les âges. Leurs vêtements, si l'on peut donner ce nom à ce qui couvrait leur nudité, étaient des plus misérables ; une jeune fille seule avait sur elle quelque chose dans le genre d'une robe de chambre rayée, qui avait encore conservé sa couleur et sa forme. Cette race est laide, très laide : figure plate, plus large dans le bas que vers les tempes ; incisions étroites tenant la place des yeux, et se dirigeant en biais vers le nez assez large et aplati ; lèvres minces, décolorées, continuellement plissées par un sourire étrange, presque idiot et en même temps d'une tristesse infinie ; larges dents, d'une blancheur éclatante, peintes en noir chez les femmes ; taille ramassée, jambes courtes, presque torses, longs bras ballant indolemment le long des côtés ; tels sont les traits extérieurs de cette race. Si nous y ajoutons une tresse rude, caractéristique, se détachant sur une tête rasée, et une odeur repoussante d'ail, de sueur, de tabac à priser, nous aurons le portrait exact du premier spécimen venu pris dans le groupe qui nous entourait.

Les Kirghiz qualifient cette pauvre race du nom de Kalmouks. Nous l'appelons officiellement les Kalmouks chinois, probablement parce qu'ils sont en majorité sujets du Céleste-Empire. Ils se groupent en hiver dans le voisinage des villages russes, où ils s'engagent le plus souvent pour les travaux domestiques les plus abjects. Il est rare que quelques familles se réunissent pour passer la saison des froids dans des campements indépendants comme celui où nous nous trouvions en ce moment. Le trait saillant du caractère de ces sauvages, c'est la paresse et une indifférence stupide pour la misère et toutes les privations qu'elle entraîne.

KARAZINE, Le pays où l'on se battra,
traduit du russe par Teste.

PHYSIONOMIE DES TURCOMANS

Le Turcoman est de race mongole selon les uns, ou indo-tatare selon les autres. C'est une chose assez difficile à préciser, car, bien que toutes ces tribus turcomanes aient le même type, encore existe-t-il entre les individus qui les composent des différences remarquables soit dans la forme de la tête, soit dans les traits. Ainsi ces nomades ne ressemblent pas aux Boukhares ; de même qu'il existe une différence notable entre ces derniers et les Khiviens.

Le type que j'ai été le plus à même de connaître et auquel on ne peut se méprendre, se résume comme il suit.

La taille du Turcoman dépasse généralement ce que nous appelons la moyenne. Il est assez bien proportionné. Sans avoir les muscles très développés, il a de la force et jouit généralement d'une robuste constitution, qui lui permet de supporter beaucoup de privations et de fatigues. Il a la peau blanche. Sa physionomie est ronde, les pommettes sont saillantes, le front est large, la boîte osseuse, développée, forme à son sommet comme une crête. Son œil, bridé, fendu en amande et pour ainsi dire sans paupières, est petit, vif et intelligent ; le nez est généralement petit et retroussé, le bas de la figure un peu fuyant, les lèvres sont assez grosses. Sur tout cela, ajoutez un peu de moustache et une barbe clair semée au menton ainsi qu'aux joues. Les oreilles sont très développées et détachées de la tête ; l'habitude d'enfoncer leur coiffure sous les oreilles augmente encore cette difformité, au point qu'en les regardant de face, l'oreille est aussi visible que quand on regarde un autre homme de profil.

Le costume se compose d'un large pantalon, tombant sur le pied et serré sur les hanches au moyen d'une coulisse, et d'une chemise sans col et ouverte sur le côté droit jusqu'à la ceinture ; elle tombe par-dessus le pantalon jusqu'à moitié cuisse. Par-dessus, une ou plusieurs grandes robes, ouvertes par devant et

Intérieur d'une tente turcomane.

croisant légèrement sur la poitrine, sont serrées à la taille par une ceinture en étoffe de coton ou de laine. Les manches, très longues et très larges, ressemblent assez à ce qu'on appelait chez nous autrefois manches à gigot ; sur la tête, une petite calotte remplace les cheveux et est recouverte d'une sorte de coiffure, appelée talbak, ayant la forme d'un cône dont on enfoncerait tant soit peu le sommet, soit en peau d'agneau (que nous appelons astrakhan, mais qui ne vient réellement que de la Boukharie), soit en peau de mouton ordinaire. La chaussure habituelle est une sorte de babouches, ou simplement une semelle de cuir de chameau ou de cheval, fixée sous le pied au moyen d'une corde en laine.

Chez les femmes turcomanes, le type est plus marqué que chez les hommes. Leurs pommettes sont plus saillantes, leur peau est très blanche, malgré leur malpropreté. Leurs cheveux sont généralement épais, mais très courts ; aussi, sont-elles obligées d'allonger leurs tresses au moyen de gances en poil de chèvre (on ne connaît pas les faux cheveux dans ce pays) et de cordons, auxquels sont attachées des verroteries et des perles d'argent.

<small>Henri de Coulibœuf, *Frontières du Turkestan et de la Perse*.</small>

SUPPLICE DES PRISONNIERS EN BOUKHARIE

Je trouvai dans la dernière cour environ trois cents prisonniers tchaudors, absolument déguenillés ; ces malheureux, dominés par la crainte de leur prochain supplice et livrés de plus à toutes les angoisses de la faim, semblaient littéralement sortir du tombeau. On en avait formé deux sections : dans la première étaient ceux qui, n'ayant pas atteint leur quarantaine d'années, devaient être vendus comme esclaves ou gratuitement distribués par le khan à ses créatures; la seconde comprenait ceux que leur rang ou leur âge avait classés parmi les *aksakals*, et qui restaient soumis au châtiment infligé par le prince. Les premiers, réunis les uns aux autres au moyen de colliers de fer, par files de dix à quinze, furent successivement emmenés; les autres attendaient, avec une résignation parfaite, qu'on exécutât l'arrêt porté contre eux. On eût dit autant de moutons sous le couteau du boucher.

Pendant que plusieurs d'entre eux marchaient, soit à la potence, soit au bloc sanglant sur lequel plusieurs têtes étaient déjà tombées, je vis, à un signe du bourreau, huit des plus âgés s'étendre à la renverse sur le sol. On vint ensuite leur garotter les pieds et les mains, puis l'exécuteur, s'agenouillant sur leur poitrine, plongeait son pouce sous l'orbite de leurs yeux dont il détachait au couteau les prunelles ainsi mises en saillie. Après chaque opération, il essuyait sa lame ruisselante sur la barbe du malheureux supplicié.

Spectacle atroce! L'exécution aussitôt terminée, les victimes, délivrées de leurs liens et jetant de tous côtés les mains autour d'elles, cherchaient à se relever. Parfois, trébuchant au hasard, elles entre-choquaient leurs têtes; parfois, trop faibles pour se tenir debout, elles se laissaient retomber à terre avec un sourd gémissement qui, lorsque j'y pense, me donne encore le frisson.

Si abominables que ces détails puissent paraître au lecteur, il me faut bien ajouter que ces cruautés se justifiaient par la loi des représailles, et que les Tchaudors étaient ainsi punis pour avoir traité avec les mêmes raffinements de barbarie les membres d'une caravane œzbég surprise par eux, dans le cours de l'hiver précédent, sur la route d'Orenbourg à Khiva.

Arminius Vambéry, *Voyage d'un faux derviche*.

Supplice des Anabaptistes en Westphalie.

LES KIRGHIZ

Indompté, belliqueux, féroce, le Kirghiz, seul, à cheval, s'élance dans le désert, et parcourt 5 à 600 verstes avec une rapidité étonnante, pour aller voir un parent ou un ami d'une tribu étrangère. Chemin faisant, il s'arrête presque à chaque *aoul* qu'il trouve sur sa route; il y raconte quelque nouvelle, et, toujours sûr d'être bien accueilli, quand même on ne le connaîtrait pas, il partage la nourriture de ses hôtes. C'est ordinairement du *prout* (sorte de fromage), de l'*airen* (lait caillé de brebis ou de chèvre), de la viande, et, quand on en a, du *koumis*, boisson extraite du lait de jument et très estimée dans le désert. Il n'oublie jamais l'aspect du pays où il a passé, et revient chez lui après quelques jours d'absence, riche en nouvelles histoires, se reposer auprès de ses femmes et de ses enfants. Ses femmes sont ses uniques ouvrières, ce sont elles qui font la cuisine, façonnent ses habits, sellent son cheval, tandis qu'avec une nonchalance imperturbable il borne ses soins à garder tranquillement ses troupeaux. J'ai vu le frère d'un sultan très considéré faire paître ses moutons, monté sur son cheval, en habit de drap rouge, et voyager ainsi pendant une quinzaine de jours, sans croire déroger à sa dignité.

Meyendorff, Voyage dans le Turkestan.

SIBÉRIE

LES IAKOUTES

Les Iakoutes sont de moyenne stature, mais on peut les regarder comme des hommes robustes; leur visage est un peu plat, leur nez de grosseur proportionnée, leurs yeux sont bruns ou noirs, leurs cheveux noirs, lisses et épais; ils n'ont jamais de barbe; leur teint n'est ni blanc ni noir; la couleur de leur peau change trois ou quatre fois par an : au printemps par l'effet de l'air, en été par celui du soleil, en hiver par celui du froid et de la flamme du feu. En automne ou à la fin de l'été, le travail de la fauchaison ou la disette les fait maigrir; en été, avant la fenaison, ou à la fin de l'automne, l'abondance du lait, de la crème, du kymys (koumis) et des viandes leur donnent de l'embonpoint.

Ne faisant jamais la guerre, par suite de leur caractère pacifique, ils ne peuvent passer pour des héros; mais on doit les tenir pour issus de bonne race, vu l'agilité et la vivacité de leurs mouvements, l'affabilité de leur parole et leur sociabilité.

Ajoutons qu'ils sont très intelligents. Il leur suffit de s'entretenir une heure ou deux avec quelqu'un pour connaître ses sentiments, son caractère, son esprit.

Ils comprennent sans difficulté le sens d'un discours élevé, et devinent, dès le commencement, ce qui va suivre. Il y a peu de Russes, même des plus artificieux, qui soient capables de tromper un Iakoute des bois.

Le peuple iakoute est le seul qui donne à boire et à manger pour rien aux voyageurs; et c'est en quoi la bonté des Iakoutes se manifeste clairement. Entrez dans la tente de l'un d'eux, il

vous offrira tout ce qu'il a de provisions ; restez-y une semaine, restez-y même un mois, il vous rassasiera toujours, ainsi que votre cheval. Il tient, non-seulement pour une honte, mais aussi pour un péché, de recevoir un payement en retour de l'hospitalité qu'il vous donne. « C'est Dieu, dit-il, qui donne le boire et le manger, afin que tous les hommes en puissent profiter : je suis pourvu de vivres, mon voisin ne l'est pas, je dois partager avec lui ce qui vient du Créateur. » Si vous tombez malade dans sa tente, tous les membres de la famille se relayeront pour vous veiller et pourvoir à vos besoins dans la mesure de leurs moyens.

Ils honorent leurs vieillards, suivent leurs conseils et professent que c'est une injustice ou un péché de les offenser et de les irriter. Quand un père a plusieurs enfants, il les marie successivement, leur bâtit une maison à côté de la sienne et partage avec eux ce qu'il possède en bétail et en biens. Même séparés de leurs parents, les enfants ne leur désobéissent en rien. Quand un père n'a qu'un fils, il le garde avec lui et ne s'en sépare que dans le cas où il perd sa femme et se remarie avec une autre qui lui donne des enfants.

L'Iakoute estime sa richesse en proportion du bétail qu'il possède ; l'amélioration de ses troupeaux est sa première pensée, son premier désir ; ce n'est qu'après y avoir réussi qu'il songe à amasser de l'argent et d'autres biens.

<small>Ouvanovski, *Voyage au pays des Iakoutes* (*Tour du Monde*).</small>

LES SAMOIÈDES

Au sortir de l'église, nous allons rendre visite aux Samoïèdes. Leurs tentes, qui abritent ordinairement deux familles chacune, sont formées d'écorces de bouleau recouvrant des perches, sauf l'entrée qui est faite de peaux qu'on soulève pour pénétrer à l'intérieur. Au milieu se trouve l'âtre, dont la fumée s'échappe par une ouverture réservée à dessein dans le haut ; un chaudron suspendu à une crémaillère que supporte un bâton horizontal, mijote sur le feu, et, des deux côtés, des fourrures étendues sur le sol représentent à la fois les sièges pour le jour et la couche pour la nuit. En cela les Samoïèdes ne diffèrent pas sensiblement des Lapons, avec lesquels d'ailleurs leurs traits offrent une ressemblance frappante.

Les femmes sont accroupies, occupées à surveiller leur marmite, à raccommoder des pelisses ou à jouer avec les enfants, auxquels pères et mères semblent vouer une tendre affection.

Les hommes sont vêtus d'une façon très simple, mais parfaitement conforme aux exigences de ces hautes régions. D'ordinaire leur unique vêtement se compose d'une *malitsa*, c'est-à-dire d'une pelisse dont la peau de renne est tournée vers le corps comme les touloupes russes, et sans autre garniture à l'extérieur qu'une bordure de peau de chien ; la plupart du temps, les manches sont ballantes, car on préfère, pour avoir chaud, paraît-il, rentrer les bras sous la fourrure même. Sur la tête, ils portent un bonnet qui est en peau de phoque, ainsi que les espèces de bottes qui leur couvrent le pied jusqu'à mi-jambe ; mais la coiffure par derrière a des cordons, afin de la retenir, lorsque les Samoïèdes se découvrent en manière de salutation, c'est-à-dire donnent un coup à leur bonnet et le font retomber sur le dos.

On comprend que ce vêtement, qu'ils portent en toute saison, ne brille pas toujours par la propreté; il laisse voir aussi des solutions de continuité qui nous fournissent l'occasion d'assister à un singulier divertissement. Ainsi nous voyons un Samoïède se glisser furtivement derrière un autre et tout doucement lui fourrer le doigt dans un des trous que présente la malitsa, ordinairement dans les coutures de l'épaule, et ensuite chatouiller amicalement son camarade sur le vif. Celui-ci bondit en riant à gorge déployée et cherche à son tour à attraper quelqu'un.

Les femmes se distinguent par un costume plus recherché. Il se compose habituellement d'une petite jaquette de peau de renne serrée à la taille, et s'élargit ensuite en forme de jupe pour se terminer aux genoux et même plus bas par une bordure de peau de chien très touffue; quelques-unes portent des espèces de volants en peau de phoque ou d'ours et un col replié, également en fourrure, qui se ferme sur la poitrine : c'est à peu près le boa de nos aimables frileuses du Sud. Leurs pieds mignons se perdent dans des babouches peu gracieuses en peau de renne, que prolongent de grandes guêtres fournies par le même animal.

La mode est venue ajouter certains colifichets à ce vêtement indispensable dans les contrées polaires, et les élégantes cousent tant de bleu, de rouge, et de jaune sur leur pelisse, qu'il est impossible de les confondre avec les animaux dont elles portent la fourrure. Ce qu'il y a d'étrange dans leur parure, mais non de choquant, ce sont leurs cheveux, qu'elles tressent en deux larges nattes tombant parfois jusqu'aux talons et qu'elles nouent de rubans d'un rouge vif, en les garnissant de verroterie bleue, de boutons, d'anneaux ou de chaînes en cuivre jaune, qui se mettent à tinter au moindre mouvement de la propriétaire.

A. E. NORDENSKIÖLD, *Tour du Monde*.

EMPIRE CHINOIS

GOUVERNEMENT DE LA CHINE

Un trait frappant, au milieu de tant de variations dans la forme des gouvernements orientaux, c'est de ne trouver nulle part, et presque en aucun temps, ce despotisme odieux et cette servitude avilissante dont on a cru voir le génie funeste planer sur l'Asie tout entière.

Abel Rémusat.

LE JOUR DE L'AN EN CHINE

Chez les Chinois, le *Soon-nin*, c'est-à-dire la fête du retour de l'année, est célébré le 12 février de notre calendrier. Pendant les dix jours qui précèdent, les Chinois abandonnent leurs affaires, les mandarins leurs charges, les ouvriers leur travail; les tribunaux sont fermés, le service des postes est interrompu. Les créanciers cherchent à recouvrer les sommes qu'ils ont prêtées; ils poursuivent leurs débiteurs dans leurs derniers retranchements, car tous les comptes doivent être réglés avant la fin de l'année. Mais la justice ayant perdu tout son pouvoir, toute son autorité, pendant les jours qui précèdent le Soon-nin, les débiteurs combattent à armes égales leurs créanciers, et parviennent souvent à éviter leurs poursuites. La plupart du temps on termine les contestations à l'amiable. N'obtenant aucun résultat par de doux procédés, quelques créanciers finissent par employer un moyen presque toujours efficace : ils font stationner à la porte de leurs débiteurs des troupes de mendiants (on sait qu'en Chine tout homme qui mendie a des droits au respect). Le voisinage de misérables couverts de plaies et de haillons devient insupportable aux débiteurs, qui, de guerre lasse, soldent définitivement leurs créanciers.

A minuit, heure où l'on entre dans la nouvelle année, on fait partir des feux d'artifice de tous les points de la Chine : chaque individu devient artificier et brûle de la poudre autant que ses moyens le lui permettent. Les maisons des mandarins sont illuminées; des pièces d'artifice, attachées devant leurs portes à de longues perches, partent pendant un quart d'heure avec de fortes détonations. Les Chinois pensent qu'il ne peut pas y avoir de véritable fête sans bruit.

L'année sera malheureuse, dit un proverbe chinois, pour celui qui ne portera pas de vêtements neufs le jour du Soon-nin. Les Chinois se croiraient donc au dernier échelon de l'infortune s'ils ne pouvaient se parer de nouveaux habillements pour le jour de l'an; ils vont même, lorsque l'argent leur manque, jusqu'à devenir criminels pour ne pas faillir à l'usage : on a vu d'honnêtes gens pousser les scrupules et l'obéissance passive aux règles de la coutume jusqu'à dérober les habillements d'autrui.

Pendant les deux ou trois jours qui suivent le Soon-nin, les Chinois se livrent aux jeux, aux divertissements de toutes sortes, aux festins et aux spectacles. Tous les habitants se rendent des visites : on adresse des félicitations aux voisins, aux amis, et particulièrement aux parents.

Les personnages importants s'installent dans une vaste salle élégante et reçoivent les étrangers cérémonieusement; les domestiques, revêtus de leurs plus beaux habits, entourent leurs maîtres et sont prêts à obéir à leurs moindres désirs.

Lorsqu'un étranger est introduit, les portes s'ouvrent à deux battants; un serviteur fait résonner sous les coups d'une baguette le tam-tam, l'instrument de musique national chez les Chinois. Le mandarin, qui se tenait étendu sur un sofa, se lève avec dignité et s'approche de l'étranger suivant les règles de la plus stricte étiquette. Les compliments, les souhaits partent comme un feu de file des deux côtés et durent quelquefois jusqu'à dix minutes ; les protestations d'affection, de dévouement, de respect, sont toujours proportionnées à la position qu'occupent les mandarins.

Si le nouveau venu n'est pas un personnage de haute distinction, le maître de la maison se contente de se rasseoir majestueusement dans un fauteuil, et commence assez familièrement un entretien qui n'est interrompu que par le service du thé.

Des toasts de prospérité sont les compléments indispensables de ces sortes de libations du jour de l'an.

Au départ de l'étranger, maîtres et serviteurs l'entourent de toutes les prévenances imaginables ; les compliments recommencent et accompagnent le visiteur jusque dans son palanquin, où les adieux les plus affectueux lui sont encore prodigués.

Le Soon-nin chinois ressemble donc beaucoup à notre jour de l'an européen : c'est une fête de courbettes, de génuflexions, de salutations, de dépenses extraordinaires, de cadeaux, de réunions, de festins, fort amusante pour les enfants, fort goûtée des mercenaires, fort divertissante pour les hommes de peu de consistance, mais fort ennuyeuse pour les gens d'esprit et pour les sages.

R. C., *Peuples et voyageurs contemporains.*

FORMES DE POLITESSE CHEZ LES MANDARINS

Dans l'extrême Orient, la génuflexion est érigée non-seulement en coutume, mais en principe ; les courbettes et les délations sont le fond du système gouvernemental du Céleste-Empire.

Les neuf rangs de mandarins se rendent des hommages proportionnés à leur classe. Un mandarin à globule de corail a la préséance sur un mandarin à globule de cristal, qui lui-même a le droit de tyranniser et de mettre à ses pieds un mandarin à globule d'or.

Deux gouverneurs de province qui se rencontrent, se saluent en plusieurs poses et attachent la plus haute importance à ne pas dépasser les limites de l'étiquette. Un mandarin de première classe, par exemple, ne doit saluer un mandarin de deuxième classe qu'à telle hauteur et avec des gestes scrupuleusement étudiés, et ainsi de suite pour les autres classes.

B. C., *Peuples et voyageurs contemporains.*

LES FUMEURS D'OPIUM

Je dois vous parler d'une visite au quartier des fumeurs d'opium. Deux commissaires de police veulent bien nous promener en sûreté (ce qui serait impossible sans eux) dans la partie de la ville chinoise où ce vice est circonscrit. Nous entrons dans une baraque de bambou ; une trentaine de Chinois y sont étendus sur des nattes fétides ; à côté de chacun, brûle une petite lampe d'huile de coco. Les uns sont déjà endormis, couchés demi-nus à plat sur le dos, les mains ballantes et les yeux fermés. Les autres achètent pour quatre sous, au Chinois patenté qui tient l'établissement, un petit paquet d'opium juteux et verdâtre, de la grosseur d'une pastille de menthe, et étalé sur une feuille d'étain ; ils arrivent ainsi chaque soir vers sept ou huit heures, et ne sortent (s'ils peuvent se réveiller de leur torpeur) qu'aux premiers rayons du soleil. Tout excités par la pensée du plaisir qu'ils vont goûter dès les premières bouffées, ils s'installent, se tournent et se retournent, avec une physionomie de béatitude bestiale, devant la lampe aux lueurs vacillantes, et devant leur longue pipe de bambou crasseux. Chauffant au rouge une aiguille qu'ils tortillent avec délices, ils l'enduisent de l'opium qui s'y agglutine, et en placent une bulle semblable à un pois sur le trou capillaire du foyer de la pipe. Alors ils s'étendent sur le dos et font griller l'opium en l'allumant à la lampe ; trois ou quatre bouffées humées fébrilement, puis refoulées en flocons opaques par leurs narines palpitantes..., et l'extase commence. Leurs yeux meurent et s'entr'ouvrent tour à tour ; leurs lèvres sont pendantes, leur poitrine se soulève et se gonfle de jouissance, pour retomber sous un soupir !... Ils se pâment et s'affaissent presque inanimés ; puis ils ne lancent même plus de regards inertes ; mais des yeux blancs, horribles, convulsifs, demeurent fixés sur la lampe blafarde ; la pipe de bambou roule à terre, et l'homme, ravi par l'hallucination, gît là, comme un cadavre sordide, dans ce cimetière d'une nuit, sous le brouillard épais et funèbre du poison.

Oh ! je ne saurais vous dire l'impression affreuse que m'a causée la vue de cette salle, où l'immense prostration de cinquante êtres humains n'empêche pas de nouveaux clients d'entrer pour suivre leur exemple. La fumée âcre nous aveugle, l'odeur nauséabonde nous soulève le cœur ! Et c'est là, dit-on, que ces dégradés, ces pourris, viennent chercher les rêves enchanteurs du paradis ! Non, c'est le plus vil abrutissement qu'ils y trouvent.

On nous montre là de jeunes Chinois de vingt ans, déjà décharnés comme des squelettes, et usés jusqu'à la moelle des os par ce vice qui ne leur laisse même plus deux années à vivre ! L'habitude les a tellement endurcis, que, tandis qu'un novice ne fume que pour

Fumeurs d'opium.

huit ou douze sous dans toute une nuit, eux peuvent absorber pour la somme d'un dollar! Tous les soirs ils reviennent, car il leur est devenu absolument impossible de digérer une nourriture quelconque le jour, s'ils n'ont aspiré pendant toute la nuit la fumée du poison! Ils fument pour vivre, mais ils en meurent!

C'est là une des hideuses et caractéristiques curiosités de la race chinoise! Les voyez-vous ces corps moribonds, se saturant de pamoisons enivrantes dans ce taudis putride; ces silhouettes de bras tremblants cherchant à rallumer une pipe demi-éteinte à une lumière, ces doigts crispés qui les retiennent à la natte sur laquelle ils se vautrent, ces yeux blancs, cette sueur soudaine qui ruisselle sur leurs torses où les côtes sont marquées en saillie, et ces têtes renversées, tendant une gorge froide, d'où s'échappe une dernière bouffée vénéneuse! Et voilà l'ignoble mais suprême bonheur d'un peuple!

Comte DE BEAUVOIR, Voyage autour du Monde.

UN REPAS CHINOIS

J'avais lu des voyages en Chine; j'y avais vu que les élégants à longue queue mangent habituellement à leurs repas des chiens, des rats, des vers et des cloportes assaisonnés avec de l'huile de ricin, et j'avais la curiosité de me frotter un peu, en passant, à cette couleur locale. Une partie fut bien vite arrangée, le jour fixé, et notre savant interprète, qui naturellement devait être du festin, fut prié de nous commander un diner dans le meilleur style de Pé-king.

Nous arrivâmes à une maison d'assez belle apparence et qui avait un étage par-dessus le rez-de-chaussée, ce qui n'est pas chose commune; aussi le pilier rouge en saillie devant la porte

montrait-il en grands caractères cette inscription fastueuse :
« A L'Étage voisin de la demeure des Immortels. »

... On mit bientôt devant nous plusieurs petits plats, avec des pyramides de fruits et de légumes, la plupart confits au sucre ou au vinaigre, comme une sorte de prélude destiné à ouvrir l'appétit et à exciter la curiosité de l'estomac. C'étaient de petites ciboules dans une pâte noire épicée et sucrée, d'un goût piquant et nullement désagréable ; un mélange de cornichons, de gingembre et de carottes vinaigrés, sucrés et coupés en morceaux ; des amandes grillées et salées (j'en ai mangé de la sorte en Espagne) ; des pépins de melons d'eau grillés ; des pistaches grillées, des raves blanches très fraîches et très parfumées ; une espèce de petit abricot confit dans des épices, et des papayes divisées en longs filaments minces.

Ce prélude épicé et sucré n'avait encore rien de trop étrange.

A ce service succéda une soupe aux nids d'oiseaux. Il n'y a rien de commun entre ces nids et ce que nous appelons ordinairement de ce nom. Ce ne sont pas des brins d'herbe ou de mousse attachés ou collés ensemble ; c'est une sorte de pâte gélatineuse qui est élaborée par certains oiseaux, comme la cire et le miel le sont par les abeilles. Ils l'appliquent contre les rochers dans les îles de la mer des Indes, et en bâtissent l'asile où ils déposent leurs œufs et élèvent leurs petits. On estime surtout les nids qui ont été enlevés avant que les œufs fussent éclos. On les mange d'ordinaire dans un bouillon de poulet, avec de petits morceaux de viande de porc et des œufs de tortue : c'est ainsi qu'étaient accommodés ceux qu'on nous servit. Cela ressemblait à de la pâte de vermicelle. Les Chinois leur attribuent les vertus toniques les plus extraordinaires.

Nous eûmes ensuite des cartilages de museau d'esturgeon ; un bouillon aux doigts de canards, et un autre aux holothuries ou *bichos de mar*. Tout cela me parut très mangeable, quoique les holothuries soient une sorte de couenne rude et brune qui ne paye pas de mine.

Ce qui eut le succès le moins contesté, ce fut un canard désossé et farci qui avait un goût d'aromates assez singulier, mais agréable, et dont la substance était la première, depuis que nous étions entrés dans la partie sérieuse du dîner, qui appartînt à la classe des choses mangeables selon nos idées et nos préjugés d'Europe. On nous donna encore de l'anguille dans une sauce aux épices; de petites tranches frites d'encornet, ressemblant pour le goût aux crevettes; des grenouilles, de la tortue à écailles molles, et enfin des ailerons de requin. Le nom de ce dernier plat aurait évidemment semblé à Carême ou à Vatel digne de figurer sur le menu du dîner de Lucifer. On nomme aileron la mâchoire placée sur le milieu du dos du requin. C'est un mets très recherché des Chinois; ils le font venir principalement de la côte de Malabar, où ce poisson terrible abonde, et d'où les Indiens en expédient des quantités considérables. Nous avions déjà mangé du requin sur l'Atlantique, mais cette fois le monstre se présente à nos yeux sous une forme à laquelle nous ne nous attendions guère: c'étaient de petits fils blancs, fins et soyeux, mêlés à de petits morceaux de homard et qui n'avaient aucun goût par eux-mêmes. Les Chinois attribuent aux ailerons de requin les mêmes vertus qu'aux nids d'oiseaux.

Tous ces mets, en général, étaient appropriés à la nature des ustensiles que les Chinois emploient pour manger. On n'a point de fourchettes, on n'a qu'une paire de bâtonnets, dont on se sert en les ouvrant et en les fermant alternativement avec l'index et le pouce, comme on se servirait d'une pince: tout est coupé d'avance en petites tranches; on saisit chaque morceau et on le porte à sa bouche, comme on saisirait et porterait un tison avec des pincettes; quant au bouillon on peut le boire avec la petite cuiller de porcelaine. Cet usage des bâtonnets n'est pas très difficile; car, au bout de quelques minutes, nous pouvions nous en servir, sinon très habilement, au moins de manière à ne pas faire devant notre dîner chinois la figure que fait depuis longtemps le renard de la fable devant le dîner de la cigogne.

La seule chose vraiment détestable, malgré toute notre bonne volonté, c'était le vin. Il y en avait pourtant de bien des espèces:

le vin des montagnes neigeuses, le vin des sept principes, le vin des cinq écorces, le vin des cent fleurs; mais dans tous ces vins-là n'entrait ni raisin, ni fleurs, ni écorces; c'étaient des boissons fermentées et faites avec du maïs, du riz, du millet, ou d'autres graminées inconnues en Europe; on nous les servait chaudes dans de petites tasses en porcelaine, et elles laissaient dans la bouche un arrière-goût des plus désagréables. Le raisin est pourtant cultivé en Chine, mais pas en assez grande quantité pour en faire du vin.

Le sam-chou ne nous parut pas meilleur que le vin : c'est une eau-de-vie de riz, faible en apparence, mais très capiteuse et dont le goût est très fade.

Quand nous eûmes fait suffisamment honneur aux plats de viandes et de poissons, nos Chinois nous ouvrirent une porte et nous introduisirent dans un petit salon illuminé et fleuri, comme celui où nous avions dîné; nous y trouvâmes une table avec du thé, des gâteaux, des confitures et des sucreries; les gâteaux ne valaient pas grand'chose : c'étaient du riz ou des fruits renfermés dans de la pâte molle et blanche. Nous nous mîmes à prendre le thé, qui avait plus de parfum qu'il n'en a en Europe, et que l'on boit ici sans crème et sans sucre, en tâchant de ne pas avaler les feuilles qui se trouvent au fond de la tasse. On alluma des cigares, et, au milieu des nuages de fumée qui ne tardèrent pas à s'enrouler autour des lanternes et à se balancer au-dessus des girandoles de fleurs, chacun se prit à deviser de Paris et des amis absents. Et cependant un de nous avait cru entendre remuer et soupirer derrière un rideau; il se leva, écarta la tenture, et nous vîmes dans une sorte d'alcôve, au fond, sur un divan, un corps immobile, maigre, jaune, parcheminé, raide comme un cadavre..... C'était un vieux Chinois qui venait de fumer de l'opium.

FEBRIÈRE LE VAYER, *Ambassade en Chine*.

THÉATRE EN CHINE

A Pé-king, le théâtre est situé dans une rue qui débouche sur celle du Tacha-la-eurl. C'est près de là que nous avons admiré les curiosités exposées dans le magasin de Kin-ho-tcheng. On suit une petite rue remplie de marchands de pierres précieuses ; leurs magasins et leurs éventaires sont pleins de rubis, de turquoises de Sibérie, de lapis-lazuli, d'ambre jaune ou laiteux, de jade blanc, vert, jaune, d'agates, d'œils-de-chat, d'opales, de corail, d'améthystes, de perles fines, de grains de bois précieux ou odorants ; coup d'œil qui serait plus séduisant encore si les Chinois savaient tailler leurs pierres. Ne nous arrêtons pas à ces boutiques scintillantes ; l'orchestre du théâtre se fait d'ailleurs entendre déjà, comme pour nous éloigner de toute tentation en nous rappelant le but de notre promenade. Le théâtre est là en face de nous ; le bâtiment, d'assez triste apparence, ne se distingue des autres que par ses proportions. On y entre par une petite porte basse donnant d'abord accès dans une cour assez sale, encombrée d'un public qui rappelle beaucoup celui de nos bals publics les plus mal fréquentés. Des marchands de fruits et de comestibles sont là pour subvenir aux besoins de l'auditoire, comme chez nous les marchands d'oranges, d'orgeat, de limonade, de groseille, etc. Juste contre la porte, un individu se faisait couper les cors par un pédicure ambulant. L'entrée du théâtre donne immédiatement sur le parterre, composé de séries de petites tables et de bancs. Ce parterre s'étend jusqu'au-dessous de la scène. La scène elle-même est une plate-forme carrée, haute d'un mètre et demi, moins large que la salle, et qui s'avance comme une enclave dans le parterre. Le public qui occupe ces places du parterre se compose généralement de gens du peuple ; pour une très faible somme, ils peuvent jouir du théâtre tout le jour, en buvant du thé, en grignotant des pépins de pastèques torréfiés et en fumant leur pipe avec des amis ou des habitués. A gauche de la porte d'entrée, est un escalier en bois qui conduit aux places de galerie. La galerie de face est occupée par de petites tables comme au parterre, et les deux galeries latérales, qui se prolongent jusqu'au-dessus de la scène, sont divisées en loges. La nôtre est retenue d'avance, ainsi que l'atteste un papier rouge collé sur la table qui la garnit.

On nous apporte une théière et des tasses; derrière nous, sur le mur, est une pancarte contenant ces mots : « Siao-sine-tsai-vou, » formule qui répond à l'avertissement : Prenez garde aux voleurs. Devant nous se trouve la partie la plus avancée de la scène. L'attention du public est suspendue aux lèvres d'une femme de vingt-cinq ans, dialoguant avec son mari, individu beaucoup plus âgé qu'elle ; pour bien indiquer qu'il joue le rôle de comique, il a sur le visage une raie blanche d'un centimètre de large, qui, passant sur le nez, s'arrête sur la pommette des joues. — La pièce s'appelle *Pei-pai-teng*, ou le Banc sur le dos.

T. Choutzé, *Pé-king et le nord de la Chine* (*Tour du Monde*).

Représentation théâtrale à Pé-king.

LA QUEUE DES CHINOIS

Depuis bien des années, les Mandchoux se sont emparés de la Chine, mais l'esprit chinois est parvenu à s'imposer à son tour, en maître, aux vainqueurs. Toutefois, la Chine fut obligée à une concession : ses enfants, cédant à la force après quatre années de lutte, durent se raser le devant de la tête et laisser croître à la nuque leurs cheveux, pour en faire, suivant la mode mandchoue, une tresse qui les fait encore reconnaître partout ; ajoutons que, du reste, les Chinois, peu susceptibles de rancune à cet égard, seraient aussi humiliés aujourd'hui de se voir enlever ce bizarre ornement, qu'ils le furent au dix-septième siècle de se le voir imposer.

Quelles sont, pourra-t-on demander, l'origine et l'utilité de cette mode tatare de la queue ? Voici la réponse qu'on nous a faite : dans les combats, cette tresse protège la nuque des coups de sabre, et, au passage des rivières, on peut y attacher ses armes.

Après la longue lutte qu'ils eurent à soutenir pour imposer des marques extérieures de soumission, les conquérants, moins oublieux que les Chinois, comprirent et comprennent encore mieux que jamais combien il serait imprudent de leur part de tenter d'autres innovations, et de toucher le moins du monde aux vieilles institutions chinoises, si surannées qu'elles soient. La politique du gouvernement mandchou semble ne plus consister qu'à faire oublier qu'il a conquis la Chine ; et lorsqu'il est aiguillonné par le corps diplomatique étranger pour adopter telle ou telle mesure plus conforme à l'esprit de progrès des temps modernes, il devient le plus chaud défenseur des routines chinoises, auxquelles, depuis son avènement en 1644, il a été obligé de s'accommoder petit à petit et à contre-cœur.

Et maintenant, vainqueurs et vaincus sont entièrement confondus ; il faut un œil très-exercé pour les distinguer les uns des autres. Chinois et Mandchoux savent même à peine se distinguer entre eux, et la masse de la population pékinoise serait bien étonnée si l'on venait lui dire que depuis l'année 1644 l'empire chinois est gouverné par un prince étranger.

T. Choutzé (Tour du Monde).

BROUETTES A VOILE

Rien de plus singulier que le système de locomotion en usage dans le nord de la Chine. Qu'on se figure une immense brouette en forme de civière, c'est-à-dire ayant deux bras à chaque bout; la roue tourne au milieu d'une cage en bois, soutenue par des barres en fer. Quand il y a bon vent, l'industrieux Chinois y ajoute un mât avec une voile carrée. Sur la cage sont suspendus des ustensiles de toute espèce : marmite, pots, paquets de vieux habits, instruments agricoles.

A un bout du brancard, la femme de ce navigateur d'un nouveau genre est assise, les jambes repliées, avec ses plus jeunes enfants sur les bras, et quelquefois des volatiles, canards ou poulets, entassés dans des cages d'osier. A l'arrière de la brouette, un ou deux autres enfants se cramponnent aux sacs de grains et aux bidons de vin de riz ; tandis que l'aîné, s'il est assez fort pour travailler, aide le père, en courant à l'avant, les reins entourés d'une courroie qui est attachée aux brancards. Le défilé de ces brouettes sur la route de Sin-ho à Peh-tang, accompagné des vociférations habituelles et des cris de joie de ces pauvres gens, du bêlement des troupeaux de moutons et du gloussement des volailles, formait, au milieu du bruit et de la poussière, un spectacle pittoresque, plein de vie et de mouvement.

A. Poussielgue, Relation d'un voyage de Chang-haï à Moscou
(Tour du Monde).

LA JUSTICE EN CHINE

En Chine, la justice coûte fort cher ; on s'en plaignit, et l'empereur fit répondre que, considérant l'immense population de l'empire, la grande division de la propriété territoriale et le caractère chicaneur des Chinois, le nombre des procès tendrait toujours à augmenter dans des proportions effrayantes, si l'on n'avait pas peur des tribunaux, si l'on était assuré d'y être bien accueilli et de recevoir toujours bonne et exacte justice. Comme l'homme, ajouta-t-il, est porté à se faire illusion sur ses propres intérêts, les contestations seraient interminables et la moitié de l'empire ne suffirait pas pour juger les procès de l'autre moitié. « J'entends donc, dit l'empereur, que ceux qui ont recours aux tribunaux soient traités sans pitié, qu'on agisse à leur égard de telle façon que tout le monde soit dégoûté des procès et tremble d'avoir à comparaître devant les magistrats. De cette manière le mal sera coupé dans sa racine, les bons citoyens qui ont des difficultés entre eux s'arrangeront en s'en remettant à l'arbitrage des vieillards et des maires de la commune. Quant à ceux qui sont querelleurs, têtus et incorrigibles, qu'ils soient écrasés dans les tribunaux, voilà la justice qui leur est due. »

Huc, *Souvenirs d'un voyage en Tartarie, au Tibet et en Chine*.

TRAIT SINGULIER DE LA MÉDECINE EN CHINE.

Il existe en Chine un médicament appelé *ling-pao-jou-y-ton*, c'est-à-dire trésor surnaturel pour tous les désirs. C'est un sudorifique très puissant. Il se vend au poids de l'argent et sous la forme de globules. — Un seul de ces petits globules longs, réduit en poudre, et mis dans le nez comme une prise de tabac, occasionne une si longue suite non interrompue de violents éternuments, que bientôt tout le corps entre en transpiration; et lorsque enfin, après cette crise sternutatoire, on revient à soi, on se trouve comme inondé de sueur. On se sert encore de cette poudre pour voir si un malade est en danger prochain de mort : si une prise, disent les Chinois, est incapable de le faire éternuer, il mourra certainement dans la journée; s'il éternue une fois, il n'y a rien à craindre jusqu'au lendemain; enfin l'espoir augmente avec le nombre des éternuments.

Bec.

ÉMIGRATION CHINOISE

La Chine était une terre à part, n'entretenant aucunes relations avec le reste de l'univers. Les indigènes mêmes étaient divisés en classes, qui, dans un but social, étaient aussi séparées les unes des autres que les castes au Bengale. Tout était mystérieux. Sauf les membres de la famille royale, personne ne pouvait lever les yeux sur le « Fils du ciel ». Emprisonné dans son palais, aussi ignorant des hommes que des choses, entouré des femmes

Quartier chinois à San-Francisco.

esclaves, le maître d'un tiers de la race humaine passait ses journées à boire du thé et à fumer de l'opium.

Dans l'absurdité de son orgueil et l'infatuation de son ignorance, le prince tartare regardait tout individu vivant en dehors de son empire comme un chien indigne d'aboyer devant son radieux visage.

Une bordée anglaise a fait voler en éclat les portes de ce paradis de buveurs de thé et de fumeurs d'opium. Les indigènes sortirent par la brèche que nos canons avaient faite, et, depuis ce jour, ils n'ont cessé de se répandre au dehors, comme le trop-plein d'un lac alpestre. Le flot s'écoule en ruisseaux, en cataractes, en nappes ; un des courants se détourne vers la Polynésie, un autre vers l'Australie, un troisième vers l'État de l'Or. Qui peut nous assurer que ces courants s'arrêteront jamais ?

De préférence, ces Mongols se rendent en Californie : d'abord, parce que le voyage est facile et peu coûteux ; ensuite, parce que le climat leur convient ; enfin, parce qu'ils y trouvent un salaire plus élevé, un marché plus étendu que partout ailleurs. De la Californie, ils gagnent l'Orégon par mer, le Névada, l'Idaho et le Montana par terre. Ils trouvent peu de débouchés dans l'Utah, les Mormons étant aussi sobres et aussi laborieux qu'eux. Et cependant, dans l'Utah même, ils sont parvenus à se caser. Ils arrivent par bancs, dont l'étendue augmente d'année en année. D'abord ils sont venus par deux et par trois, puis par dix et par vingt ; peu de temps après, par cent et par mille ; maintenant, c'est par dizaines de mille.

L'introduction en Amérique de ces hordes asiatiques s'est accomplie si peu bruyamment, leur présence y a été si utile, que le plus sérieux aspect de la question, quoique constaté par les savants, n'a pas encore été envisagé par les hommes politiques. Quelques hommes politiques se sont bien demandé quelle influence cette invasion de barbares pouvait exercer sur les races en Amérique ; mais ils n'osaient se répondre, tant était grande leur épouvante quand le spectre jaune se dressait devant eux.

Un penseur californien doit aujourd'hui se poser cette question : Qui l'emportera sur le versant du Pacifique, ou de la civilisation européenne ou de la barbarie asiatique ?

La légende chinoise courante à San-Francisco est un peu confuse ; d'après elle, les Chinois d'Amérique ne seraient qu'un ramassis de serfs, possédés par « les Cinq Compagnies » et régis par une Sainte-Vehme, une Grande-Loge, un Conseil des Dix, exerçant un pouvoir mystérieux auquel personne, homme ou femme, ne saurait échapper.

<small>WILLIAM HEPWORTH DIXON, *La Conquête blanche* (*Tour du Monde*).</small>

LA RELIGION AU TIBET

Les lamas s'adonnent aux sciences et aux arts, ils dirigent quelquefois les relations commerciales, mais ils sont invariablement les législateurs de la contrée. Le bouddhisme est maître du Tibet : les couvents se dressent au sein des montagnes, comme au milieu des villes ; les habitants ont une profonde vénération pour leur culte ; ils adorent les inscriptions que les lamas ont gravées sur les rochers, ils se prosternent devant les pierres taillées en forme d'idoles ; à tout moment, dans les lieux les plus pittoresques et les plus écartés, l'œil s'arrête sur quelque monument que les lamas ont adroitement préparé pour exciter la foi du peuple. Les dignités, les richesses, la vénération dont jouissent les supérieurs des lamas, excitent parfois les ambitions et les jalousies, et il n'est pas rare de voir éclater de terribles rivalités. On rencontre aussi des lamas contemplatifs, que l'on peut comparer aux fakirs de l'Inde. Ces hommes se livrent à des privations inouïes ; ils ne prennent souvent qu'un repas par semaine, et n'apparaissent au milieu des hommes qu'une fois tous les trois ans.

Pour montrer combien les Tibétains sont un peuple essentiellement religieux, nous dirons que tous les soirs, au moment où le jour touche à son déclin, tout le monde cesse de vaquer aux affaires, et se réunit dans les principaux quartiers des villes et sur les places publiques ; on s'accroupit par terre, et l'on chante des prières lentement et à demi-voix.

Huc, *Souvenirs d'un voyage en Tartarie, au Tibet et en Chine.*

UNE LAMASERIE AU LADAK

Le monastère d'Hémis est perché sur un rocher fermant l'entrée d'une gorge étroite ; à son pied s'étendent des massifs épais de saules et des champs couverts de blé. On croirait qu'on va entrer dans quelque palais enchanté, mais malheureusement les lamas qui habitent ces demeures magiques ne sont pas plus intéressants que ceux des autres parties de la vallée. Ils nous parurent, par toutes leurs réponses, aussi peu intelligents que possible ; ils ignorent jusqu'à leur propre histoire et ne peuvent rendre aucun compte des origines de leurs cérémonies. Ils se bornent à croire que tout ce qu'ils possèdent a été apporté par le fondateur de leur monastère.

Une grande mascarade devait avoir lieu en notre honneur : c'est leur manière de faire fête aux visiteurs. Lorsqu'on nous avertit que les acteurs étaient prêts, nous montâmes dans la cour du monastère, où nous assistâmes à un divertissement qui certainement, reproduit sur un de nos théâtres, ne manquerait pas d'attirer une foule de spectateurs.

On nous conduisit d'abord au vestiaire, qui n'était ni plus ni moins que la principale chapelle du Bouddha. Elle était tendue de vieille soie verte. Les lanternes et les lumières qui la décoraient étaient ornées de portraits de dieux et de lamas canonisés ou béatifiés. Les costumes que renfermait ce vestiaire étaient véritablement fort riches. Les masques étaient on ne peut plus extravagants : ils représentaient des têtes d'animaux, de diables cornus, de lutins, etc. Il y avait là de quoi faire envie à un directeur de théâtre de féeries.

Les personnages faisant partie de la mascarade étaient au nombre de soixante environ. Ils entraient successivement dans la cour par groupes de douze et dansaient en rond, non sans un certain sentiment du rhythme. A mesure que leur foule augmentait, les musiciens pressaient le mouvement, et à la fin ce tourbillon à brillantes couleurs ressemblait aux images mobiles d'un kaléidoscope. C'était un spectacle fort amusant.

Lorsque la fête fut terminée, ils dépouillèrent leurs costumes et vinrent remplir la cour de leurs sombres groupes. Dans leurs vêtements de couleurs sévères, ils avaient l'air à la fois solennel et stupide. Ces moines à la tournure si grave, que nous avions maintenant sous les yeux, étaient ceux-là mêmes qui venaient de jouer avec tant d'entrain des rôles de diables de toute espèce et de divinités plus ou moins burlesques.

Après la représentation, nous visitâmes le monastère en détail, en allant d'autel en autel.

Dans chacune des sept chapelles où nous pénétrâmes, se trouvaient des statues du Bouddha et de lamas morts. Devant ces statues on place chaque jour, pour la consommation des personnages figurés, des offrandes de noix et de riz. Dans une lampe de cuivre on entretient allumée une mèche plongeant dans de la graisse. Sur certaines murailles on voit des peintures représentant des lamas à trois yeux et des divinités à quatre mains, etc. En somme, malgré nos perquisitions dans toutes les parties de ce monastère, nous n'avons rien découvert qui pût nous donner des notions nouvelles sur le bouddhisme. Ce qu'il y a de plus curieux à Hémis, c'est décidément le goût marqué de ces lugubres dévots pour les plaisirs du théâtre.

CHAPMAN et GORDON, trad. par Em. Delerot (*Tour du Monde*).

CHOIX D'UN NOUVEAU DALAÏ-LAMA

Quand meurt le Dalaï-Lama, ce chef politique et religieux de toutes les contrées du Tibet, ou, pour parler le langage des bouddhistes, quand, par une sorte de métempsycose, il *transmigre*, on élit un enfant, qui continue la personnification indestructible de Bouddha vivant ; cette élection se fait par la grande assemblée des lamas-khoutoukhtous, dont la dignité sacerdotale n'est inférieure qu'à celle du Dalaï-Lama.

On procède à l'élection de la manière suivante : on prescrit des prières dans toutes les lamaseries ; on redouble de zèle et de dévotion avant l'interrogation des sorts. La plupart du temps, les oracles mettent sur la voie de l'enfant qui est animé de l'esprit du lama défunt ; à peine âgé de quelques mois, on l'entend prononcer des prières et la célèbre formule : *Om mani pat me houm*. (Oh, le joyau dans le lotus (1), amen). Lui-même se proclame le Bouddha incarné. Il répond aux questions les plus subtiles, il comprend les langues étrangères.

La nouvelle se répand bientôt dans la contrée ; les religieux de la lamaserie se dirigent du côté du nouveau lama, en emportant des meubles qui ont appartenu au défunt et d'autres objets semblables pris ailleurs. La députation arrive dans la chaumière ; les questions les plus captieuses lui sont faites par les religieux, qui terminent en lui adressant ces paroles : « Si tu es véritablement notre lama, dis-nous quels sont, parmi ces meubles, ceux qui t'appartenaient lorsque tu siégeais sur notre autel ! » L'enfant sait-il discerner les objets, il est proclamé Bouddha incarné par toute la lamaserie.

Ceux qui croient posséder le Dalaï-Lama dans leur famille en donnent avis à l'autorité de Lhassa, afin qu'on puisse constater

(1) Le lotus est la personnification de Bouddha.

dans les enfants désignés la qualité de *chaberon*, c'est-à-dire de Bouddha vivant. Pour pouvoir procéder à l'élection du Dalaï-Lama, il faut avoir découvert trois chaberons authentiquement reconnus pour tels. On les fait venir à Lhassa, et les *khoutoukh-tous* se constituent en assemblée ; ils s'enferment dans un temple de Bouddha : là ils passent six jours dans la retraite ; puis on prend une urne d'or, contenant trois fiches aussi en or, sur lesquelles sont gravés les noms des trois petits candidats aux fonctions de la divinité. Le doyen des khoutoukhtous tire une fiche, et l'enfant dont le nom a été désigné par le sort est proclamé Dalaï-Lama. On le promène alors en grande pompe dans les rues de la ville sainte.

Le Dalaï-Lama est vénéré comme une divinité, et le prestige qu'il exerce sur les populations bouddhistes est prodigieux.

MALTE-BRUN, *Géographie universelle* (nouvelle édition).

QUELQUES TRAITS DES MŒURS TIBÉTAINES

Il y a encore quelques années, quand les femmes tibétaines sortaient, elles se soumettaient à une règle extraordinaire et unique au monde : elles se frottaient le visage avec une sorte de vernis noir et gluant, assez semblable à de la confiture de raisin ; elles s'en barbouillaient de manière à se rendre hideuses.

Le deuil consiste particulièrement dans une malpropreté affectée qui dure cent jours. Pendant ce temps, on ne met que les habits les plus simples, et l'on s'abstient de se peigner et de se laver.

Les lois tibétaines recueillies depuis longtemps dans un code sont extrêmement sévères. Le voleur est condamné à la restitution du double de ce qu'il a pris, à avoir les yeux crevés, le nez ou bien les mains et les pieds coupés.

Les Tibétains considèrent beaucoup les femmes, et voilà pourquoi la naissance d'une fille est regardée comme un bonheur dans une famille. Les mariages se célèbrent sans l'assistance d'un prêtre et sans aucune cérémonie religieuse, mais avec force dons réciproques de mouchoirs. Le jour des fiançailles, on attache sur la tête de la jeune fille l'ornement en turquoises réservé aux fiancées. La dot de la fiancée consiste en thé, en vêtements, en argent et en bétail, selon le rang et la fortune des familles. Ensuite on présente aux deux époux du vin et du thé, et les parents de l'un et de l'autre leur donnent des mouchoirs. Les membres des deux familles, revêtus de leurs plus beaux habits, et le cou enveloppé de mouchoirs qu'on a donnés, vont faire des visites aux parents et aux amis, qui les attendaient à la porte de leurs maisons pour leur offrir du vin et du thé; trois jours se passent ainsi en visites, et le mariage est consommé.

Il est de la politesse chez les gens d'égale condition d'échanger mutuellement des mouchoirs. Lorsqu'on se présente devant le *Dalaï-Lama* et le *Bandchen*, on doit aussi leur offrir un mouchoir; mais il n'y a pas de réciprocité de leur part. Le salut, en approchant de ces grands personnages, consiste à se découvrir la tête, en croisant les bras sur la poitrine, et en tirant la langue roulée en pointe. Un homme qui en rencontre un autre d'un rang supérieur, ôte son chapeau et se range de côté en baissant ses bras.

<small>Malte-Brun, *Géographie universelle* (nouvelle édition).</small>

JAPON

LES JAPONAIS

Le peuple japonais est doux, aimable, poli, gai, rieur, bon enfant, et surtout enfant ; les hommes des classes inférieures ont le teint bronzé par le soleil, et souvent la peau tatouée de rouge et de bleu, ressemblant par le dessin et la couleur aux vieux laques de leur pays ; les hommes de toute classe ont la tête rasée sur le devant et ornée d'une petite queue qui se balance agréablement au-dessus de l'occiput ; ils laissent en été les pantalons étroits, se contentant d'une simple tunique de taffetas ou de coton, selon la condition de l'individu.

HUBNER, *Voyage autour du Monde*.

LE POINT D'HONNEUR AU JAPON

La fierté des mœurs japonaises se traduit dans le privilège de porter deux sabres : le plus court est, en certaines circonstances, une arme de suicide. Il permet à celui qui le porte et qui a mérité la mort, de s'affranchir de la honte, de la violence et de la dégradation qu'entraîne forcément le contact d'un bourreau. Il permet à cette mort, ainsi et volontairement acceptée comme expiation, d'être un retour vers la dignité humaine, un moment

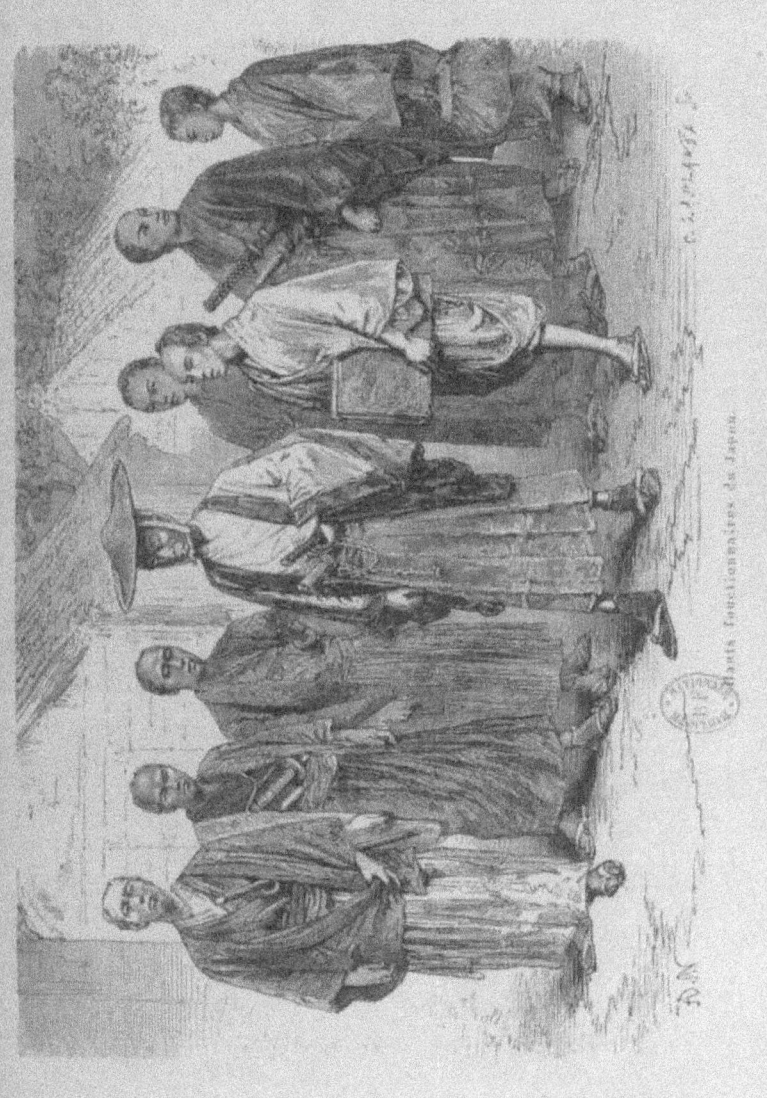

Hauts fonctionnaires du Japon.

oubliée dans la faute, au lieu d'être le sacrifice outrageant de cette dignité sur l'autel de l'infamie. Cette façon de considérer le suicide le transforme quelquefois en un duel, lorsque la dignité blessée se complique d'un désir de vengeance directement impossible. Si un Japonais est blessé dans son honneur par un homme dont il ne puisse tirer personnellement satisfaction, il s'ouvre les entrailles, et rejette par cet acte sur son adversaire une déclaration de *vendetta*, dont la famille, les amis et les serviteurs du suicidé poursuivent passionnément l'exécution. Celle-ci est ordinairement prévenue par la mort volontaire du provocateur.

<small>Comte DE MONTBLANC, *Bulletin de la Société de géographie*, 1866.</small>

LE JOUR DE L'AN AU JAPON

Dans la plupart des ménages bourgeois, on pratique la cérémonie de « l'oni-arahi », l'exorcisme du malin esprit ; et c'est exclusivement l'affaire du chef de la maison. Vêtu de ses plus riches habits, et le sabre à la ceinture, s'il a le droit d'en porter un, le père de famille parcourt à l'heure de minuit tous ses appartements, portant de la main gauche, sur un guéridon de laque, une boîte de fèves rôties. Il y puise de la main droite, et, par petites poignées, jette çà et là de ces fèves sur les nattes, en prononçant à haute voix une formule cabalistique dont le sens revient à dire : Sortez, démons ! Entrez, richesses !

Toutes choses étant ainsi préparées par l'inauguration de l'année nouvelle, la population citadine s'accorde un instant de repos ; mais, au lever du soleil, tout le monde est debout : hommes, femmes et enfants s'empressent de revêtir leurs costumes de fête, et les félicitations commencent dans l'intérieur des familles. L'épouse a déposé sur les nattes du salon les étrennes qu'elle offre à son mari. Aussitôt qu'il se présente, elle se prosterne à trois reprises, puis, se relevant à demi, elle lui adresse son compliment, le corps penché en avant et appuyé sur les poignets et sur les paumes de ses mains, dont les doigts restent allongés dans la direction des genoux. La pose n'est pas des plus gracieuses, mais ainsi le veut la civilité japonaise. L'époux, de son côté, s'accroupit en face de sa compagne, les mains pen-

Le Jour de l'an au Japon.

dantes sur les genoux jusqu'à toucher le sol du bout des doigts. Inclinant légèrement la tête, comme pour prêter d'autant mieux l'oreille, il témoigne de temps en temps son approbation par quelques sons gutturaux, entrecoupés d'un long soupir ou d'un sifflement étouffé. Madame ayant fini, à son tour il prend la parole, et de part et d'autre on échange solennellement les cadeaux. Vient ensuite le tour des enfants, puis celui des grands-parents. Enfin on déjeune en commun, et le reste de la matinée se passe à recevoir et à faire des visites. Les Japonais de toutes les classes cultivées de la société sont parfaitement instruits de leurs obligations de politesse. Aucun d'eux ne confondra les personnes auprès desquelles il doit se présenter lui-même, avec celles qui n'attendent de sa part qu'une carte de visite. Chacun saura pareillement distinguer entre les cartes qu'il lui faudra remettre personnellement à domicile et celles qu'il lui suffit d'envoyer à leur adresse par les soins d'un domestique. Les unes et les autres varient considérablement de format et de décorations, selon le rang des destinataires. On les expédie toutes dans d'élégantes enveloppes, dont les plus grandes sont attachées par un nœud de ruban. Les coskeis qui font le service des cartes de visite les portent de maison en maison sur un plateau de laque.

Aimé Humbert, Le Japon.

LA JUSTICE AU JAPON

Aux yeux d'un juge japonais, tout prévenu est censé coupable. Le tribunal veut des victimes. Les agents de police sont ses pourvoyeurs. Le dépôt réunit vingt à trente prisonniers par salle. Ils portent tous le même costume, un grossier kirimon de cotonnade bleue, sans aucune autre pièce de vêtement. Comme il ne leur est permis ni de se raser, ni de se coiffer, au bout de peu de jours le seul aspect de leur barbe et de leur chevelure les classe dans la catégorie des êtres impurs, pour lesquels on ne saurait éprouver d'autre sentiment que le mépris ou le dégoût. Ils dorment accroupis sur les dalles nues dont la prison est pavée. Toutefois, ceux qui peuvent en faire les frais obtiennent du geôlier une ou plusieurs nattes et même une couverture ouatée. Le riz est leur unique nourriture. Le silence le plus absolu leur est imposé, et cette règle ne comporte qu'un seul cas d'exception : lorsque l'un des prisonniers a été condamné à mort et que la

Le dépôt des accusés.

gendarmerie vient l'enlever à ses compagnons de captivité, ceux-ci ont le droit de pousser ensemble et de toutes leurs forces un

L'interrogatoire.

long cri de désespoir; puis tout rentre dans un silence plus horrible que jamais.

Les lois de Gonghensama n'admettent que l'emprisonnement accompagné de peines corporelles, ou la mort. Le bannissement peut atteindre les grands de l'empire et les bonzes d'un certain rang... Mais généralement l'emprisonnement n'est que l'acces-

La question par les bûches et les dalles.

soire de la peine proprement dite, qui consiste toujours en un châtiment corporel, tel que la marque et la fustigation. Tout vol

La flagellation.

qualifié, d'une valeur inférieure à quarante itzibous, ou cent francs, comporte la peine de la marque. Au lieu de l'empreinte au fer chaud, on fait usage d'une sorte de lancette pour pratiquer sur le bras gauche une incision de la forme convenue, dont on rend la cicatrice indélébile au moyen de la poudre à tatouer.

L'opération se fait à la fois dans deux pièces contiguës du bâtiment des prisons. Le condamné se tient agenouillé dans la première, à côté d'une paroi à travers laquelle il passe, par un étroit guichet, le bras gauche dans la seconde pièce, où un chirurgien

Parricide condamné à la crucification.

exécute, avec tous les soins qu'exige ce travail, la marque qui lui est indiquée par les termes de la sentence.

De récidive en récidive, un filou de profession qui a la prudence de se borner aux vols de moins de cent francs, peut arriver au chiffre de vingt-quatre marques, avec cette seule aggravation que les dernières sont appliquées sur le front, et qu'à partir de la troisième toutes les autres sont accompagnées de la fustigation. La peine de la fustigation elle-même est d'ailleurs graduée jusqu'à l'extrême limite des forces du patient... Tout malfaiteur qui retombe entre les mains de la justice après avoir été marqué vingt-quatre fois, ou qui commet un vol dont la valeur dépasse quarante itzibous, est condamné à la peine capitale. Le plus souvent on attend qu'il y ait trois ou quatre exécutions à faire, et l'on y procède dans une cour de la prison, sans autres témoins que les gouverneurs de la justice criminelle et leurs officiers. Chaque condamné est amené, à son tour, en leur présence, les yeux bandés et le kirimon rejeté en arrière sur les épaules. On fait mettre le malheureux à genoux; quatre valets de bourreau, accroupis à ses côtés, lui tiennent les pieds et les bras, et sa tête tombe sous le glaive éprouvé du maître des hautes œuvres. On la jette dans un baquet pour la laver et l'exposer ensuite avec les

Exécution par le glaive.

autres, pendant vingt-quatre heures, sur l'une des places du marché de la cité. Le corps, immédiatement dépouillé et lavé, est enfermé dans un sac de paille; et quand le premier sac est attaché, on amène le second condamné, et les mêmes opérations se répètent, jusqu'à ce que la tâche du bourreau soit achevée. Il ne reste plus alors qu'à livrer les cadavres aux gentilshommes qui se sont fait inscrire pour en obtenir à la première occasion, dans le noble but de s'exercer au maniement du sabre.

On ne conduit généralement, à l'une ou à l'autre des places publiques d'exécution, que les grands criminels, tels que les incendiaires et les assassins. Les premiers sont livrés aux flammes. Quand on les attache au fatal pilier, on a soin de recouvrir leurs liens d'une couche de terre glaise. Les Japonais ne connaissent pas encore l'usage des chaînes, et leurs cordes de paille, quelque bien tressées qu'elles soient, ne résisteraient pas longtemps à l'action du feu.

L'assassinat sans circonstances aggravantes est puni de la décollation. Comme autrefois en Europe, l'appareil des exécutions publiques affiche la prétention de produire une salutaire impression sur la foule. Le condamné est placé à cheval, lié sur une haute selle de bois, et l'on ne manque pas de suspendre à son cou un rosaire. En tête du cortège, les huissiers de la justice attirent l'attention du peuple sur un large écriteau que portent des coulies et qui retrace en termes emphatiques le lugubre drame dont le dernier acte va s'accomplir.

Aimé Humbert, Le Japon.

ÉQUILIBRISTES JAPONAIS

Les saltimbanques au service de la Sibaïa forment une corporation indépendante de la confrérie des comédiens. Ce sont proprement des jongleurs, des équilibristes, des acrobates, dont il est facile de se faire une idée d'après ceux que l'on a vus à Paris pendant l'Exposition universelle. Il y a peu de chose à dire de leurs exercices, dont les principaux instruments sont le trapèze, le cerceau, le bâton, la perche et des échelles de diverses dimensions.

Ce qu'ils font de plus extraordinaire à Yédo, c'est une série de tours d'équilibre, opérés au moyen d'un faux nez démesurément long, ou même d'une perche de bambou fixée, je ne sais comment, au milieu de leur figure. L'un des chefs, par exemple, se couche sur le dos et fait monter au bout de son nez un enfant qui s'y tient en équilibre sur un pied et met un parasol en équi-

Exercices d'équilibre avec un faux nez.

libre sur son propre nez; non content de cela, le même homme, sans rien déranger au premier tableau, dresse une jambe en l'air, et un autre enfant, appuyant son nez sur la plante du pied de cette jambe, se soulève peu à peu jusqu'à ce qu'il ait les deux pieds en l'air, et il reste immobile dans cette position. Les exercices avec une perche à la place du nez sont tellement fabuleux, qu'ils doivent receler quelque supercherie, telle qu'un point d'appui quelconque dissimulé par une décoration de théâtre.

La troupe qui exécute ces prouesses est sous l'invocation du divin Tengou, et parée de ses principaux attributs, c'est-à-dire, outre le long nez, une grande paire d'ailes, un sabre et un costume de héraut.

Aimé Humbert, Le Japon.

LES VILLES JAPONAISES

On ne s'imagine pas, sans l'avoir vu, tout ce monde s'agitant dans les rues, s'adressant des sourires gracieux, s'inclinant profondément les uns devant les autres; s'il s'agit de quelque gros personnage, se prosternant, mais avec une agilité et une dignité qui ôtent à la démonstration ce qu'elle paraît avoir d'humiliant et ne lui laissent que le caractère d'une manifestation un peu exagérée de politesse et de déférence. Pendant que vous avancez dans une rue dont l'extrême propreté vous frappe, regardant à droite et à gauche, et regrettant de n'avoir pas cent yeux pour mieux dévorer ces scènes, vous entendez un bruit cadencé et le chant ou cri des coulies qui portent des caisses suspendues à un long bambou reposant sur leurs épaules athlétiques. La sueur ruisselle sur leurs membres tatoués. Sauf le pagne, ils sont entièrement nus en cette saison. Eux aussi ils sourient. Aux courtes haltes, ils bavardent et s'adressent des compliments.

Et les maisons! Vous les connaissez bien ; on vous les a représentées mille fois, et plusieurs d'entre vous ont vu à l'Exposition de Paris une véritable maison japonaise. Mais dites-vous bien que cela ne donne aucune idée de la réalité. Il faut voir ces maisons en place, habitées par de vrais Japonais. Il faut plonger les regards dans l'intérieur, ce qui est facile, car la maison est entièrement ouverte sur la rue. Il faut voir l'ombre et la lumière jouer dans ces habitations dépourvues de tout mobilier, mais fournies d'une belle natte et laissant au fond entrevoir un petit jardin avec des arbres nains, ressemblant, malgré leur exiguïté, aux géants de la forêt, comme des enfants qu'on aurait grimés et déguisés en vieillards.

Hubner, Voyage autour du Monde.

LES AINO (1)

Les Aïno (ou Yéso) sont généralement robustes ; leurs habitudes et leur vie sauvage et presque vagabonde leur ont procuré une grande souplesse. Aussi sont-ils très habiles à la chasse, et dans leurs courses ils arpentent les terrains les plus difficiles avec une vitesse extraordinaire. Les exercices de ce genre, auxquels ils se livrent durant la plus grande partie du temps, les maintiennent dans une santé florissante, qu'ils attribuent aussi à l'habitude qu'ils ont de se baigner dans la mer, soit pour leur agrément, soit dans des vues lucratives. Ils ont coutume de plonger également dans l'eau de la mer les enfants qui leur naissent, dans le but de les fortifier et de faciliter leur développement. Les Aïno

(1) Les Aïno sont une population à demi sauvage de l'île de Sakhalien et de l'île de Yéso (archipel Japonais). Ils forment, au point de vue anthropologique, une race extrêmement curieuse, et présentent, entre autres, un étrange développement du système pileux.

sont généralement d'un bon naturel; ils joignent à un cœur sincère un esprit facilement disposé aux liaisons d'amitié. Ils sont obligeants pour les étrangers, et se trouvent toujours heureux lorsqu'ils rencontrent l'occasion de leur offrir l'hospitalité.

Les armes des Yéso sont bien celles d'un peuple sauvage et chasseur. La javeline, l'arc et les flèches sont les armes les plus répandues parmi ces insulaires. Les flèches, faites de bois très dur, ne présentent que deux plumes près de l'encoche, et sont terminées par une pointe empoisonnée. La blessure qui en provient est toujours mortelle, si l'on n'a recours à une prompte amputation de la partie atteinte par le dard, qui, à peine introduit dans la chair, la réduit à l'état de pourriture.

Les Aïno habitent, l'hiver, dans des huttes, le plus souvent construites en terre; l'été, ils demeurent dans des chaumières. Quelques nattes de joncs entrelacés, sur lesquelles ils s'asseyent les jambes croisées, à la manière des musulmans, composent la partie la plus importante de leur mobilier. Ils ne font ordinairement pas de séparations dans leurs habitations, qui ne forment pour ainsi dire qu'une seule chambre dans laquelle les hommes et les femmes vivent tous ensemble.

La nourriture des Yéso qui habitent les bords de la mer consiste surtout en poissons, parmi lesquels le petit hareng (*kado*) et l'espèce de saumon appelée *sake* par les Japonais et *zimbe* par les Aïno, sont les plus communs. On les fait sécher, afin de pouvoir en conserver pendant toute l'année. Les habitants de la partie intérieure de l'île de Yéso vivent de leur chasse. Quand ils réussissent à prendre des ours, animaux très nombreux dans leur pays, ils en tuent la chair, qui leur fournit une viande solide et fortifiante; et, s'il arrive qu'ils rencontrent un petit ourson séparé de sa mère, ils s'en emparent aussitôt, et l'emportent dans leur maison, où il est nourri par les femmes, qui commencent par l'allaiter de leur propre lait; puis, lorsqu'il est plus grand, elles lui donnent à manger des poissons et des oiseaux, afin de l'engraisser, jusqu'au moment où elles le trouvent assez gros pour le tuer, ce qui, d'ordinaire, a lieu en hiver.

À cet effet, on place la tête de l'animal entre deux bâtons qu'une troupe d'hommes et de femmes serrent de plus en plus jusqu'à ce que l'ours soit mort; alors on le dépouille soigneusement de sa peau, qui présente une excellente fourrure; ensuite on en retire le fiel, considéré chez les Aïno comme un médicament précieux pour certaines maladies; puis enfin on en mange la chair. Quand tout est terminé, on commence à pleurer l'ours; puis, après les lamentations d'usage, on fait cuire de petits gâteaux dont on régale ceux qui ont aidé à le tuer.

Léon de Rosny, Études asiatiques.

INDO-CHINE ET HINDOUSTAN

LES TALAPOINS DANS L'INDO-CHINE

Les Européens désignent généralement les prêtres bouddhistes de Siam sous le nom de talapoins, qui dérive sans doute de celui du palmier *talapat*, dont la feuille fournit la matière première de l'éventail que ces religieux portent constamment à la main ; mais leurs compatriotes leur donnent le titre de *Phra*, qui a conservé sur les rives du Ménam les mêmes significations qu'il avait jadis sur les bords du Nil : celles de *grand, divin et lumineux*.

Quant à l'ordre pris en masse, il est difficile de le qualifier d'après nos idées préconçues. Ce n'est point une caste, car ses rangs sont ouverts à tout le monde, même aux esclaves autorisés de leurs maîtres, et en cela seulement l'ordre est resté fidèle aux préceptes de son fondateur. On ne peut guère plus l'appeler un clergé régulier, car, bien que les talapoins assistent et même président à toutes les phases principales de la vie sociale, à la naissance, à la *tonte du toupet*, au mariage, à la mort et enfin aux funérailles, ils n'admettent en aucune manière que la sanction religieuse qu'ils apportent à ces actes profite à d'autres qu'à eux-mêmes. Le mérite de leurs œuvres n'est que pour eux, non pour ceux qui les emploient. Ils n'ont point charge d'âmes ; en un mot ils ont un public, mais point d'ouailles.

Ce n'est pas que ce public leur marchande jamais le prix de leurs services. Bien loin de là, il les traite avec la plus grande vénération ; il leur concède les prérogatives les plus flatteuses, les titres les plus pompeux. Les gens du commun se prosternent devant eux, même au milieu des rues, en joignant les mains à la hauteur du front; les mandarins, les princes même, les saluent des deux mains, et, si le roi ne les salue que d'une seule, il les fait asseoir auprès de sa personne. Chaque jour il distribue lui-même l'aumône à plusieurs centaines d'entre eux, et cet exemple est suivi dévotement par la reine et les principales femmes du palais.

C'est certainement parmi les femmes que les talapoins trouvent le plus solide appui de leur institution.

Dans les familles pauvres, c'est la femme ou la fille qui, tous les matins, assise respectueusement devant la porte du logis, distribue l'aumône aux *frères quêteurs* de la pagode voisine et glisse discrètement dans leur marmite, toujours béante, le meilleur morceau qu'elle a pu dîner sur le modeste ordinaire des siens. Trois ou quatre fois par mois, en outre, sous prétexte de porter des fleurs à l'idole de ladite pagode, elles vont déposer des présents aux pieds de ses prêtres et encourager pendant de longues heures, par d'incessants *satu! satu!* (bravo! bravo!), les récits inintelligibles ou profondément soporifiques de l'officiant du jour.

Henri Mouhot, *Voyage dans le royaume de Siam.*

LA FEMME ANNAMITE

Si l'homme de la Cochinchine est loin d'être un type de beauté, que dire de la femme? Il est vrai qu'il serait assez difficile d'en parler d'une manière générale. A côté d'une immense majorité malheureusement très laide, se trouvent quelques exceptions dignes d'être admirées. L'influence du milieu et du bien-être est ici toute-puissante. Les femmes des notables ont les traits plus délicats, la peau plus blanche, les formes plus harmonieuses,

Habitation d'un chef des Talapains.

et les extrémités plus fines que les femmes des cultivateurs et des pêcheurs.

Chez la plupart, le visage est véritablement laid : le nez est épaté, la peau assez souvent marquée de la petite vérole, les lèvres sont tuméfiées et rougies par l'usage du bétel. Ce que la *congaï* annamite, comme on dit dans la colonie, a de mieux, c'est sa chevelure, habituellement longue, noire et assez belle, bien qu'un peu rude ; aussi en a-t-elle un soin tout particulier, la tressant amoureusement, y ajoutant un faux chignon ou *tap*, pour peu qu'elle ne lui paraisse pas assez abondante, et l'oignant — malheureusement ! — d'huile de coco. Les effluves de cette huile, qui rappelle assez l'huile de lampe, sont redoutables, et il est bien fâcheux que l'Annamite n'ait pas d'autre pommade à sa disposition. Les attaches des membres sont très fines ; les petits bracelets d'or filigrané ou d'argent uni dont la *congaï* fait usage peuvent donner une idée de la délicatesse du poignet ou de la cheville qu'ils entourent. La bouche est en général bien dessinée ; les épaules sont trop souvent larges et carrées.

Il est peu agréable de voir marcher une femme annamite ; elle s'avance d'habitude en balançant les bras le long de son corps et en oscillant fortement à droite et à gauche. Quant à l'habillement, il consiste en une longue robe montante et fermée, servant à la fois d'habit et de chemise (cette robe est blanche si la femme est en grand deuil, et alors elle y ajoute un turban blanc), en un pantalon blanc ou noir, calicot ou de soie, et parfois en une ceinture rouge ou bleue ; les pieds sont nus ou plus rarement ornés de babouches recourbées. Tel est l'appareil dans lequel se présente la congaï. Comme ornement, elle porte des boucles d'oreilles d'ambre jaune ou d'or, ayant la forme d'un clou à grosse tête et passées dans le lobe d'une oreille ordinairement petite et bien faite. Au bras, des bracelets en or, en argent, en ambre ou en verre jaune, quelquefois un anneau en argent au cou-de-pied, enfin souvent un collier. La femme du peuple va nu-tête ou met un simple mouchoir ; la femme des classes élevées porte un chapeau sphérique en paille jaune rappelant le *salaco*, mais à larges bords recourbés et à fond plat ; une épaisse tresse de soie jaune terminée par un gland assez lourd pend de ce chapeau jusqu'à la ceinture.

Leur caractère est frivole et très intéressé; elles ont un penchant irrésistible pour le jeu et même parfois pour le vol.

Parmi les habitudes qui caractérisent la race annamite, il en est deux qui méritent une mention toute particulière : je veux dire le bétel et le tabac. Les deux tiers peut-être de la population de l'Asie et de l'Océanie mâchent le bétel. Toute l'Inde, toute l'Indo-Chine, tous les habitants des îles de la Sonde, qu'ils soient adorateurs de Brahma, de Bouddha, d'Allah ou de Jésus, qu'ils soient de race mongolique ou d'autre race, enfin quel que soit l'âge ou le sexe, font un usage quotidien de cette préparation compliquée.

Dr Morice, Voyage en Cochinchine (Tour du Monde).

LES CAMBODGIENS

La taille relativement haute des Cambodgiens, leur teint foncé, leur maxillaire inférieur épais et lourd, leurs cheveux coupés en brosse, et par-dessus tout leur air de sauvagerie passive, leur donnent une allure tout à fait différente de celle des Annamites. Ces deux races se détestent cordialement. L'Annamite, fier de son teint plus blanc, de sa civilisation plus avancée, et surtout des nombreuses victoires qu'il a remportées sur son voisin, le considère comme à peine supérieur aux Moï ou sauvages des montagnes.

L'homme khmer, à son tour, avec son caractère plus sombre et plus silencieux, son sentiment religieux plus profond, regarde en pitié le léger Annamite. Il n'y aura jamais une entente cor-

Jeune fille annamite.

diale entre ces deux peuples. Le Cambodgien, malgré ses traits un peu grossiers, est plus Hindou qu'Indo-Chinois; sa langue et son écriture rappellent plutôt celles de la grande péninsule hindoue, ainsi que les glorieux restes d'une civilisation éteinte, dont Angkor la Grande est la plus sublime expression. Il est l'homme silencieux et sauvage des grandes forêts et des collines, tandis que son voisin est l'habitant moqueur et sociable des plaines. Peuple malheureux que le peuple cambodgien! Pressé entre les Siamois et les Annamites, qui lui ont pris au nord-ouest et au sud-est ses plus riches provinces, immobilisé sous la loi d'une féodalité orientale qui ne lui permet pas d'être propriétaire, il faut qu'une main vigoureuse le soutienne et lui permette de garder son autonomie, tout en lui inculquant lentement ce qu'il peut recevoir de l'éducation européenne.

Dr Morice, *Voyage en Cochinchine* (*Tour du Monde*).

LA MUSIQUE AU LAO

Les Laotiens aiment et comprennent la musique incomparablement mieux que leurs voisins les Annamites et les Chinois. Leur instrument le plus remarquable, particulier au Lao, se nomme khén. Il sert ordinairement à accompagner le chant. Parfois, dans les belles soirées ou les jours de fête, on rencontre des troupes de jeunes gens qui se promènent sur les chemins, jouant ensemble ou tour à tour. Le khén se compose d'un nombre pair de bambous accouplés, dont les nœuds ont été coupés intérieurement et qui forment comme des tuyaux d'orgue. On en compte de dix à seize, de grandeur progressive, attachés les uns aux autres, et réunis vers le bas par un bambou plus gros, qu'ils traversent perpendiculairement. Ce dernier est muni, à l'une de ses extrémités, d'une petite embouchure semblable à celle d'une cornemuse et communique avec tous les autres. L'instrument se tient entre les paumes des deux mains qui embrassent le gros bambou, les doigts venant s'appuyer un peu au-dessus et fermer les trous dont chacun des tuyaux est percé à cet endroit. Il résulte de cette disposition qu'on peut faire sortir autant de sons à la fois qu'il y a de trous bouchés. Pour bien remplir l'instrument, il faut déployer un souffle puissant. Aussi se contente-t-on de jouer le plus souvent une série d'accords à trois ou quatre notes, lentes et ténues, qui sortent avec beaucoup de douceur et accompagnent agréablement les chants ou récitatifs dont le rhythme est presque toujours langoureux. Il y a des instruments de diverses grandeurs : les plus petits, à l'usage des enfants, ont un mètre environ ; les plus grands atteignent trois à quatre mètres et dépassent en hauteur la plupart des salles des maisons ; on est obligé de les tenir inclinés pour s'en servir.

Francis Garnier, *Voyage d'exploration en Indo-Chine.*

LA MÉDECINE CHEZ LES LAOTIENS

La médecine est fort en honneur parmi les Laotiens ; mais c'est une médecine empirique et superstitieuse. Le grand remède universel, c'est de l'eau lustrale qu'on fait boire aux malades, après leur avoir attaché des fils de coton bénits aux bras et aux jambes, pour empêcher l'influence des génies malfaisants. Il faut avouer cependant qu'ils guérissent, comme par enchantement, une foule de maladies avec des plantes médicinales inconnues en Europe, et qui paraissent douées d'une grande vertu. Dans presque tous leurs remèdes, il entre quelque chose de bizarre et de superstitieux, comme des os de vautour, de tigre, de serpent, de chouette,

du fiel de boa, de tigre, d'ours, de singe, de la corne de rhinocéros, de la graisse de crocodile, et autres substances de ce genre, auxquelles ils attribuent des propriétés médicinales surnaturelles.

Henri Mouhot, Voyage dans le royaume de Siam.

RÉCEPTION DE L'ÉLÉPHANT BLANC AU ROYAUME DE SIAM

Depuis Korat, j'eus le plaisir de voyager en compagnie de l'éléphant blanc capturé dans le Lao, et qu'un dignitaire de Bangkok, avec lequel je liai connaissance et qui me prit en amitié, était venu chercher en grande pompe. La caravane était magnifique; elle comptait plus de soixante éléphants de couleur normale, dont deux furent mis à mon service, un pour moi-même et un autre pour mon domestique.

A notre arrivée à Saraburi, nous trouvâmes les administrateurs du Lao et les premiers mandarins de Bangkok réunis en cette ville pour prendre soin de l'éléphant. Les Siamois, gens superstitieux avant tout et pleins de foi dans la métempsycose, croient que l'âme de quelque prince ou de quelque roi passe dans le corps de ce pachyderme, comme aussi dans le corps des singes blancs et de tout autre animal albinos; c'est pourquoi ils ont pour ces créatures maladives la plus grande vénération, non pas qu'ils les adorent, car les Siamois, en vrais disciples des premiers apôtres du bouddhisme, ne reconnaissent aucun être suprême, pas même le premier Bouddha, mais ils ont la croyance que ces êtres anormaux portent bonheur au pays.

Pendant le trajet, des centaines d'hommes coupaient les branches devant l'animal et lui préparaient un chemin facile. Deux mandarins lui servaient à ses repas des gâteaux de différentes espèces dans des plats d'or, et le roi lui-même, sorte de philosophe rationaliste, vint jusqu'à Ayuthia au-devant de lui.

HENRI MOUHOT, *Voyage dans le royaume de Siam*.

DOMPTAGE DES ÉLÉPHANTS. — ÉLÉPHANTS DANSEURS EN INDO-CHINE

On nous amena à la résidence deux éléphants danseurs qui nous divertirent grandement. Un d'eux, jeune sujet de six pieds de haut, n'avait qu'une instruction incomplète : son art consistait à lever successivement ses jambes, au commandement de son mahout, et à marcher sur ses genoux, ou pour mieux dire sur les paturons de ses jambes de devant. A l'ordre qu'on lui donna de marcher comme les dames d'honneur du palais, il s'avança vers nous avec ses seules jambes de devant, traînant derrière lui celles de derrière.

Le plus âgé, un vieux mâle, était plus versé dans son art. Son mahout lui hurlait à l'oreille des ordres auxquels l'éléphant répondait par un grognement d'assentiment d'un effet assez comique. Son pas le plus brillant consistait à lever une patte et à lui faire décrire un cercle avant de la remettre à terre. Les efforts des mahouts n'étaient pas ce qu'il y avait de moins divertissant ; leurs danses, leurs cris, leurs encouragements, leurs applaudissements contrastaient plaisamment avec la maladresse de leur élève. A la fin il commença à remuer alternativement ses quatre pattes et à les jeter tantôt à droite, tantôt à gauche ; la gravité de sa tête et de ses yeux, l'étrangeté de ses lourds mouvements complétaient le spectacle, qui eut un grand succès de rire parmi tous les assistants, Anglais, Bengalais et Birmans.

HENRI YULE, *Voyage dans le royaume d'Ava* (*Tour du Monde*).

LES SUTTYS

En 1822, près de Bombay, la veuve d'un brahmine fut conduite en grande pompe et au son de nombreux instruments vers le bûcher sur lequel se trouvait déjà le cadavre de son époux. Sa démarche était assurée, sa contenance calme. Quand les officiers anglais lui demandèrent si c'était volontairement qu'elle mourait : « Oui, répondit-elle, volontairement. » On pouvait juger qu'elle mettait une espèce de fierté à confondre les chrétiens, qui semblaient douter d'elle, au moment où les chants des brahmines exaltaient son héroïsme. A un signal donné, la veuve s'approcha du feu qui commençait à flamboyer ; elle embrassa ses parents, fit ses adieux à l'assistance, distribua à ses amies ses bijoux et ses ornements ; puis, à demi nue, encouragée et presque poussée par les brahmines, elle se jeta dans le feu. La douleur fut vive, à ce qu'il paraît, car, au même instant, elle fit un mouvement pour en sortir. Vainement renversa-t-on sur elle la pile de bois ; elle se dégagea, bondit hors des flammes, et, crispée par la douleur, elle s'élança vers la rivière. Les brahmines l'y suivirent ; malgré la résistance des Anglais présents, ils la ramenèrent vers le foyer, qui pétillait avec violence. Là, une espèce de lutte s'engagea entre la victime et les bourreaux. La foule vociférait, les Européens demandaient qu'on fît trêve au sacrifice jusqu'à ce que le magistrat eût décidé. Alors, pour mettre fin au conflit, trois prêtres vigoureux enlevèrent la victime sur leurs bras et la précipitèrent au milieu de ce brasier ardent. Elle s'y tordit encore en désespérée et se releva pour fuir, mais, à mesure qu'elle sortait de ce cercle de feu, les brahmines l'y repoussaient en lui jetant à la tête d'énormes bûches flamboyantes. Un instant de répit lui permit toutefois de s'échapper encore et de courir vers le fleuve. A ce second désappointement, la rage des prêtres fut à son comble ; quatre d'entre eux se jetèrent à sa poursuite et, lui plongeant avec violence la tête jusqu'au fond de l'eau, ils cherchèrent à la noyer. Il fallut pour la sauver qu'une escouade de soldats arrivât sur les lieux. La pauvre Hindoue ne survécut pas, elle mourut le lendemain, délaissée et maudite. Le fait suivant caractérise également le fanatisme barbare des Hindoux. Une jeune femme de quatorze ans, poussée par la douleur, s'était précipitée hors du bûcher et s'était réfugiée dans un ruisseau voisin. Là, ce fut son oncle qui vint l'endoctriner, et qui, lui montrant un drap : « Je te mettrai là-dedans, lui disait-il, » je t'emporterai dans ta case. — Non, non, criait l'infortunée, » vous voulez me rejeter au feu ! Au nom du ciel, ayez compassion » de moi ! Je quitterai la famille, je vivrai comme une maudite, » je mendierai, je ferai ce qu'on voudra. Pitié ! Oh ! pitié. »

L'oncle la rassure, lui jure, par les eaux du Gange, qu'il la ramènera à la maison. Alors elle se coucha sur le drap. A peine y était-elle étendue que le fanatique Hindou noua ce drap comme un sac, et reporta sa nièce dans les flammes. Elle cria, se débattit, chercha à se sauver de nouveau ; mais un coup de sabre porté par un mahométan termina cette épouvantable scène.

Dumont d'Urville, *Voyage autour du Monde*.

SACRIFICE HUMAIN DANS L'HINDOUSTAN

La publicité de la cérémonie est une de ses conditions essentielles. Pendant le mois qui précède, les festins se multiplient, on s'enivre, on danse autour de la *mériah*, parée de ses plus beaux habits et couronnée de fleurs. La veille du sacrifice, on l'amène, stupéfiée par la boisson, au pied d'un poteau que surmonte l'effigie de la divinité (un paon, un éléphant, etc.). La multitude se met à danser au son de la musique, et ses hymnes

barbares, adressées à la Terre, disent à peu près ceci : « Nous vous offrons, ô Dieu, cette victime; donnez-nous des saisons clémentes, de riches moissons et la santé!... » Après quoi, parlant à la victime : « Nous vous avons eue, continuent-ils, par achat et non par violence; nous allons maintenant vous immoler, selon nos coutumes; nul crime par conséquent ne doit nous être imputé... »

Le jour d'après, on la ramène plongée dans une ivresse nouvelle, après avoir frotté d'huile certaines parties de son corps, que chaque individu présent vient toucher, afin de s'oindre à son tour, en essuyant sur ses cheveux l'huile que ses doigts ont gardée. Une procession se forme alors, en tête de laquelle marche la musique, pour promener la victime, portée à bras tout autour du village et du territoire adjacent. Le prêtre officiant, ou zani (qui peut appartenir à n'importe quelle caste), ramène le cortège autour du poteau, toujours placé près de l'idole locale (Zacari Penoo), représentée par trois grosses pierres. Il accomplit alors le rite appelé pooga, c'est-à-dire qu'il offre à l'idole des fleurs, de l'encens, etc., par l'intermédiaire d'un enfant au-dessous de sept ans, nourri, habillé aux dépens de la communauté, qui mange toujours seul et auquel on n'impose aucun des actes réputés impurs. Cet enfant s'appelle Zoomba. Cependant une espèce de fosse vient d'être creusée au pied du poteau: un pourceau, qu'on égorge au bord de cette fosse, y verse peu à peu tout son sang, et la *mériah*, que l'ivresse a privée de tout sentiment, est précipitée dans ce trou fangeux; on lui tient la tête contre terre jusqu'à suffocation complète. Le zani détache du corps un morceau de chair et l'enfouit auprès de l'idole comme une offrande au dieu de la Terre. Chacun des assistants l'imite à son tour, et ceux qui sont venus des villages environnants emportent les hideux lambeaux qui leur sont échus, pour les enterrer soit aux limites de leur territoire, soit au pied de leurs idoles respectives. La tête de la victime demeure intacte, et on la laisse, avec les os dénudés, au fond du trou sanglant que l'on se hâte de combler.

Quand l'horrible cérémonie touche à son terme, un jeune

buffle est conduit près du poteau sacré. On lui coupe les quatre jambes, et, après l'avoir ainsi mutilé, on le laisse là jusqu'au lendemain. Des femmes viennent alors, en vêtements d'hommes et armées comme des guerriers, boire, danser, chanter autour de l'animal expirant: on le tue ensuite, on le mange, et le zani est renvoyé avec un présent.

RUSSELL ET RICKETTS, Les Mériahs ou sacrifices humains
(Tour du Monde).

L'HOPITAL DES ANIMAUX A SURATE

Cet hôpital est au delà de la porte de Naucari, dans le faubourg de Sakranpoura. L'emplacement qu'il occupe est fort grand et divisé en plusieurs parties qui se correspondent entre elles. On y nourrit toutes sortes d'animaux que la dévotion des Hindous donne à cet hôpital. Les écrivains du Nabab, qui sont Hindous, font ce qu'ils peuvent pour engager ce prince à leur abandonner les chevaux qui sont hors de service; les brahmes m'en montrèrent un qu'ils avaient, après bien des sollicitations, obtenu de retirer dans leur hôpital. C'était une sorte de triomphe religieux dont ils se glorifiaient. Les animaux, dans cet hôpital, sont nourris aux frais des Banians et servis par des Brahmes, logés dans l'enceinte, jusqu'à ce qu'une mort naturelle les dérobe à leurs soins. J'y ai vu une tortue de terre, longue de deux pieds et demi, haute d'un pied et demi et large d'un pied : c'était le plus vilain animal qu'on pût voir; elle avait peine à marcher; on me dit qu'elle avait cent ans. Les insectes, puces, punaises, etc., sont hors de l'enclos, à gauche en entrant. Leur nourriture consiste en riz, farine de sucre, qu'on leur jette de temps en temps par la porte.

La vue de l'hôpital des animaux, entretenu par des êtres raisonnables, avec tout l'ordre, le soin, le zèle même que l'on pourrait exiger d'eux s'il était question de leurs semblables, et cela dans un pays où il n'y a d'établissements publics ni pour les malades ni pour les vieillards, la vue d'un pareil hôpital aurait de quoi étonner, si l'on ne savait pas que la nature se plaît aux disparates, en Asie comme en Europe.

ANQUETIL-DUPERRON, *Recherches historiques et géographiques sur l'Inde*.

LA FÊTE DES SERPENTS A BOMBAY

De longues processions de femmes en costumes de madone, poétiquement drapées dans leurs voiles de soie, traversent les rues en chantant et portent des offrandes de riz et de sucre, qu'elles vont répandre devant les idoles de Krichna. C'est l'anniversaire du jour où ce dieu tua le grand serpent python de Bindrabund, qui désolait les rives de la rivière Djemna. Des étendards, d'énormes trompes de cuivre, des torches de fer remplies de résine enflammée apparaissent de tous côtés au-dessus de cette brillante multitude; les palanquins décorés de tentures et renfermant de gras brahmanes à l'air patelin se croisent en tous sens.

Le flot incessant qui encombre les environs de l'étang de Paidonch se presse à travers les petites ruelles adjacentes, vers une place voisine où se déploie la plus importante cérémonie de la fête.

Là sont rangés deux ou trois cents *sâpwallahs* ou charmeurs de serpents, ayant chacun devant soi une corbeille contenant une vingtaine de cobras-capello; les pieux Hindous leur apportent des jattes de lait, dont ces reptiles sont très friands. Bientôt chaque jatte est entourée d'un cercle de cobras, qui, la tête plongée dans le liquide, restent dans un état de parfaite immobilité ; de temps en temps, le sâpwallah en retire un pour faire place à un autre, et il est curieux de voir l'animal dépossédé, qui se dresse, gonfle son capuchon et frappe tout ce qui l'entoure. Le cercle des charmeurs est environné d'une foule de curieux; ces reptiles, ces hommes demi-nus ou couverts d'oripeaux de couleur, qui manient les reptiles sans la moindre crainte, sont vraiment d'un effet très original.

Ce singulier manège dure toute la journée, et deux ou trois mille cobras sont amplement repus de lait; le lendemain matin, les charmeurs quittent tous l'île et lâchent charitablement leur collection de serpents dans la jungle.

Le soir, les maisons sont illuminées, des processions escortées de torches parcourent les rues, et de tous côtés retentit une effroyable cacophonie de cymbales, de tam-tams et de hautbois. Cette fête a généralement lieu en juillet ou en août, époque où les cobras sont le plus dangereux, et l'instinct craintif de ces peuples leur a fait choisir ce moment pour apaiser le courroux de ces terribles demi-dieux.

Louis Rousselet, L'Inde des Rajahs.

JONGLEURS DE L'INDE

Un homme vigoureux et au regard farouche se présenta au milieu du cercle que les curieux formaient autour des jongleurs. Il portait un panier qu'il nous pria de visiter. Nous le reconnûmes pour un simple panier d'osier, comme on en fabrique dans le pays, très léger et laissant passer le jour par mille ouvertures. Sous cette fragile enveloppe, il fit placer une jolie petite

La fête des serpents à Bombay.

fille de huit ans, nue, faite au tour, un petit ange enfin, brune tout au plus comme un enfant du midi de la France. Quand elle fut là-dessous, l'homme prit un air sinistre, lui fit une question, elle répondit, la voix semblait venir du panier; l'illusion était complète. Ce colloque dura quelques instants, après quoi, le jongleur, feignant d'entrer en colère, menaça de tuer l'enfant. Celle-ci criait grâce!... avec un tel accent que c'était à frissonner. Tout à coup l'Hindou saisit une épée, contint avec le pied le panier où chacun de nous croyait entendre la victime ; puis, dans un mouvement d'infernale rage, il y plongea son arme à plusieurs reprises. Oh! ce fut un moment terrible! La figure du bourreau était hideuse de férocité. Les cris de la victime avaient une vérité déchirante. J'étais sur le point de me jeter sur cet homme et de le terrasser. Tous mes compagnons frissonnaient comme moi, pâles et hors d'eux-mêmes. On pouvait calculer sans doute que ce jongleur n'avait pas pu ni voulu commettre, en plein jour et devant tant de témoins, un meurtre inutile. N'importe, la scène était saisissante et féconde en terreur. Ce sentiment fut au comble quand on vit le sang jaillir à flots du panier, quand on entendit des gémissements graduellement moins forts, qu'on put suivre dans le frémissement du panier cette agonie convulsive. Bientôt les râlements devinrent de plus en plus sourds, puis un soupir..., le dernier sans doute, se fit entendre. Nous croyions l'enfant morte, quand, à notre surprise et à la suite de quelques paroles mystiques, le jongleur leva le panier. Il n'y avait rien dessous. Le sol était bien rouge de sang, mais nulle part on ne voyait trace de corps humain. Après quelques secondes d'étonnement, la petite fille, objet de nos alarmes, vint à nous comme si elle se fût glissée au milieu de la foule; elle nous salua et tendit la main à notre générosité.

CAUNTER, Annuaire.

CHARMEURS DE SERPENTS

Pendant notre séjour au bungalow de Saugor, nous recevons la visite de deux sâpwallahs, charmeurs de serpents, qui font le commerce de reptiles. Ils nous offrent, entre autres espèces rares, le goulâbi ou serpent des roses, dont la robe est diaprée de teinte de corail, et un autre dont la tête et la queue se ressemblent au point qu'on ne les distingue que difficilement. Ne trouvant pas de cobra-capello dans leur collection, je leur en fais la remarque. « A quoi bon nous encombrer, me répondent-ils, d'un serpent que nous pouvons nous procurer dès qu'on nous le demande ? En désirez-vous un ? La cour même de votre bungalow va nous le fournir. »

Ma curiosité était piquée, et je les mis au défi de me trouver un serpent dans un espace de temps aussi court qu'ils paraissaient le supposer. Aussitôt l'un des sâpwallahs se dépouille de ses vêtements, à l'exception du langouti, et, saisissant son *toumril* (flûte des charmeurs), il m'invite à le suivre. Arrivé derrière le bungalow, où s'étend un terrain couvert de ronces et de pierres, il embouche son instrument et lui fait rendre des sons perçants entrecoupés de modulations plus douces; le corps tendu en avant, il scrute chaque herbe, chaque buisson. Au bout d'un instant, il m'indique un point du regard; j'y porte les yeux et je vois une tête de serpent sortir de dessous une pierre. Rapide comme l'éclair, le charmeur laisse tomber son instrument, et, saisissant avec une inconcevable adresse le reptile, le lance en l'air et le saisit par la queue au moment où il retombe à terre. Après examen, il se trouve n'être qu'une inoffensive couleuvre.

Le sâpwallah continue sa recherche : bientôt même mimique, en moins d'une seconde le toumril tombe, le reptile vole en l'air, retombe, et, avec un flegme triomphant, l'Indien me présente par la queue un effrayant cobra noir de plus d'un mètre de long.

Charmeurs de serpents

Le hideux reptile se débat, mais, d'un mouvement rapide, le charmeur lui a saisi le derrière de la tête et, ouvrant la gueule, me montre ces terribles crochets qui distillent la mort. C'est une preuve qu'il n'y a pas eu supercherie, car les serpents que transportent les charmeurs sont toujours édentés. Prenant alors une petite pince, notre homme arrache avec soin chaque crochet, et met ainsi l'animal hors d'état de nuire. Cependant, soit accident, soit bravade, il s'est piqué légèrement et le sang coulé sur un de ses doigts; sans s'émouvoir, il suce fortement la plaie et y applique une petite pierre noire poreuse qu'il m'offre comme un antidote sûr contre les morsures de cobra. Je lui en achetai un morceau; mais, après analyse, je découvris que cette pierre n'était qu'un os calciné, d'une texture très-fine.

Louis Rousselet, L'Inde des Rajahs.

LES THUGS

Voués au culte spécial de Kali, la déesse du mal et de la mort, les Thugs (de l'Inde) n'ont qu'un seul dogme, le meurtre; il leur tient lieu de prières et de bonnes œuvres pour honorer leur terrible patronne qui n'accepte qu'un seul encens, la vapeur du sang humain, et qui tient en réserve, dans son paradis, toutes les jouissances de l'âme et des sens pour ses fidèles adorateurs. Aussi, si l'assassin rencontre l'échaland sur sa route, il y monte avec l'enthousiasme d'un martyr, car il en attend la palme. Et puis, dès cette vie, le thuggisme ne caresse-t-il pas le terrible instinct de la bête de proie, dont tout homme porte en lui le germe?

« Vous trouvez un grand plaisir, me disait un de ces condamnés, à attaquer la bête féroce dans sa tanière, à machiner et à poursuivre la mort du tigre, parce qu'il y a là des dangers à braver et du courage à déployer. Songez donc combien cet attrait doit redoubler quand la lutte est engagée avec l'homme, qu'il faut détruire ! Au lieu d'une seule faculté, le courage, c'est tout à la fois le courage, la ruse, la prudence, la diplomatie qu'il faut déployer. Jouer avec toutes les passions, faire vibrer même les cordes de l'amour et de l'amitié, pour amener la proie dans vos filets, c'est une chasse sublime, c'est enivrant, c'est un délire, vous dis-je. » Et cet effroyable monomane avouait qu'il avait assassiné ou étranglé dans sa vie le nombre presque fabuleux de sept cent dix-neuf personnes, ajoutant avec un soupir de regret : « Ah ! si depuis dix ans je n'étais pas sous les verrous, j'aurais bien complété le millier ! »

Les Thugs tirent leur nom du verbe *thugma*, tromper, et, en effet, la ruse, la dissimulation, sont leur premier moyen d'action. Voyez sur les routes, dans les campagnes, ces pèlerins cheminant d'un air modeste et recueilli vers quelque pagode en renom; ces groupes de villageois se reposant à l'ombre, aux bords d'une source; ce sont bien les gens les plus paisibles et les plus officieux. Qu'ils sont bons compagnons ! Nul n'est expert comme eux à couper du bois et à ramasser le combustible nécessaire pour le repas du soir. On se lie avec eux ; ils partagent leurs provisions avec leurs nouveaux amis, et, après avoir mangé, fument ou causent autour du feu, quand, au moment favorable, tout à coup ils leur jettent autour du cou un mouchoir arrangé comme un lazo d'Amérique. La pierre qui vole à l'autre extrémité du mouchoir revient dans la main du meurtrier, à qui un léger tour de poignet suffit pour briser la nuque de la victime dont la mort est instantanée. Des fosses sont creusées d'avance, en quelques minutes les corps des crédules voyageurs y sont déposés, et la bande se remet en marche avec leurs dépouilles.

Les Thugs se reconnaissent en tous lieux par certains signes imperceptibles pour ceux qui ne sont pas initiés ; ils se recrutent parmi toutes les classes d'Hindous, et même parmi les musulmans. Bien que ce soit du Bundelkund que sortent la plupart de leurs bandes, ce sont les États d'Aoude et le bassin de la Ner-

Les Thugs.

budda qui ont servi le plus souvent de théâtre à leurs crimes. Dans chaque bande, il y a une hiérarchie d'emplois et de rangs. L'un sert d'espion et d'éclaireur, un autre ramasse du bois pour le foyer nomade; il y en a qui n'ont d'autre occupation que de creuser les fosses et d'ensevelir les cadavres; mais la dignité de Thug proprement dit ou de *phansigar* (étrangleur) ne s'obtient qu'après une longue suite d'épreuves. Cette immense machine infernale fonctionnait depuis bien des générations, dévorant silencieusement et sans se trahir le corps social sous les yeux mêmes des magistrats, lorsque, vers 1830, un concours de circonstances fortuites en amena la découverte, qui répandit la stupeur et l'effroi parmi les gouvernants et les gouvernés de l'Inde.

FERDINAND DE LANOYE, *L'Inde contemporaine*.

LES PARSIS

Descendants des Guèbres de Perse qui échappèrent aux persécutions musulmanes lors de la conquête de leur patrie par les califes, ils ont trouvé un asile parmi les frères dont les avait séparés, il y a plus de quarante siècles, l'antique rivalité des Asuras et des Dévas. Comme au temps de Zoroastre, leur législateur, ils révèrent encore dans le Soleil l'image la plus noble de l'Être suprême, *Ahura-Mesda*, et dans le feu sacré entretenu dans leurs temples, le symbole de l'Être divin. Descendus dans l'Inde il y a plus de mille ans, ils se sont répandus dans la partie occidentale de la péninsule; la ville de Bombay seule en compte de quinze à vingt mille. Ils se distinguent de tous les autres habitants par leurs belles physionomies, leur aisance et leur industrie. Dans les ports du Concan, du Goudjerate et du Malabar, il n'y a pas de maison de commerce européenne dans laquelle au moins un d'eux ne soit intéressé, et c'est ordinairement le Parsi qui fournit le plus de capitaux. Propriétaires des deux tiers de la grande ville de Surate, les Parsis possèdent la plus grande partie de Bombay et de sa banlieue.

Bien plus que les Hindous, gardiens des plus anciennes traditions religieuses de l'Asie centrale, ils rendent encore un culte, sans images, sans idoles, aux forces élémentaires de la nature, mais donnent au feu la prééminence. La beauté de l'Esplanade de Bombay, baignée par les longues lames bleues de l'Océan, revêtait pour moi un nouvel attrait par la présence de ces adorateurs du Soleil, qui, le matin et le soir, y venaient en foule avec leurs brillants costumes blancs et leurs turbans aux couleurs éclatantes, pour saluer l'astre à son lever ou offrir leurs hommages à ses derniers rayons. Que de fois me suis-je arrêté à les contempler, à genoux sur le sable humide, les mains jointes et priant avec un air de profonde émotion dans une langue qu'ils ne comprennent plus, mais dont un Français a de nos jours retrouvé la clef perdue et la forme grammaticale brisée. Il est telle des hymnes qu'ils psalmodient en ces occasions, dont les plus anciennes du Rig-Véda ne semblent que la traduction. A ces heures, leurs femmes ne se montrent point avec eux ; c'est le moment où, comme les compagnes des anciens patriarches, elles s'assemblent autour des puits pour y faire la provision d'eau nécessaire à leurs ménages.

Ferdinand de Lanoye, L'Inde contemporaine.

AMÉRIQUE

AMÉRIQUE ARCTIQUE

LES ESQUIMAUX

Petits de stature, mais bien charpentés, chacun de leurs mouvements prouve qu'ils sont robustes et solidement trempés par les épreuves et leur âpre existence.

La toilette est à peu de chose près la même pour les deux sexes : une paire de bottes, des bas, des mitaines, des pantalons, une veste et un surtout.

Leurs pantalons sont de peau d'ours, les bas de peau de chien, les mitaines de peau de phoque, la veste de peau d'oiseau, plumes en dessous; le surtout, en peau de renard bleu, ne s'ouvre pas sur le devant, mais se passe comme une chemise; il se termine par un capuchon qui couvre la tête aussi complètement que la capote de l'Albanais ou la cagoule du moine; les femmes taillent le leur en pointe pour renfermer leurs cheveux, qu'elles réunissent sur le sommet de la tête et nouent en touffe serrée et dure comme une corne, au moyen d'une courroie de peau non tannée; je ne saurais dire que cette coiffure soit précisément pittoresque.

Quant à leur âge, bien malin qui eût pu nous l'apprendre : les Esquimaux ne comptent que jusqu'à dix, le nombre de leurs doigts, et, n'ayant aucun système de notation, il leur est impossible d'assigner une date quelconque aux événements passés. Aussi cette race ne possède d'annales d'aucune sorte; elle n'a pas su même trouver l'iconographie grossière et les hiéroglyphes des tribus indiennes du nord de l'Amérique. Le peu de traditions qui se sont transmises d'une génération à l'autre ne portent en elles l'empreinte d'aucune date, aucun indice se référant à une période de prospérité ou de décadence; les Esquimaux avouent qu'ils ne savent pas leur âge.

HAYES, *Tour du Monde.*

INTÉRIEUR DES ESQUIMAUX

L'établissement esquimau d'Etah est voisin du nôtre. Une masse de glace, qui s'élève sous un angle de 45 degrés jusqu'à ce qu'elle se confonde avec les flancs escarpés d'une montagne, forme deux taches obscures sur les neiges d'un blanc pur. En approchant, vous vous apercevez que ces taches sont des perforations dans la neige; plus près encore, vous distinguez, au-dessus de chaque ouverture, une autre plus petite et une couverture qui les réunit. Ce sont les portes et les fenêtres de l'établissement : deux huttes et quatre familles entièrement enfouies dans la neige!

Les habitants de ces terriers se groupèrent autour de moi à mon arrivée. *Nalegak! nalegak! tima!* « Chef! chef! salut! » s'écrièrent-ils en chœur : jamais peuple ne me sembla plus désireux d'être bienveillant et plus poli envers un visiteur inattendu. Ils étaient légèrement vêtus, et en butte à un souffle glacé du nord-ouest; ils s'enfoncèrent bientôt dans leurs fourmilières. Pendant ce temps, des préparatifs étaient faits pour ma réception; peu après, le maître de l'établissement et moi nous rampions sur les mains et sur les genoux dans un couloir de trente pieds de longueur. Lorsque j'émergeai à l'intérieur, le salut de « nalegak »

Établissement des Esquimaux à Etah.

fut répété avec un accroissement d'énergie qui n'était rien moins que plaisant.

Il se trouvait des hôtes avant moi dans ce taudis : six robustes naturels d'un clan voisin. Ils avaient été surpris par la tempête en chassant, et étaient déjà groupés sur le *kolopsut* (1). Ils joignirent leurs cris au cri de bienvenue, et je respirai bientôt la vapeur ammoniacale de quatorze compagnons de logement, vigoureux, bien repus, malpropres et déshabillés. J'arrivais assez fatigué d'un voyage de dix-huit milles à travers une atmosphère glacée : le thermomètre marquait à l'intérieur 90 degrés (Fahr.), et la voûte mesurait quinze pieds sur six. Impossible de s'imaginer, sans l'avoir vue, une telle masse amorphe de créatures humaines entassées : hommes, femmes, enfants, n'ayant rien pour se couvrir que leur saleté native, mêlés, confondus comme des vers dans un panier de pêcheur.

Il n'y a pas d'exagération hyperbolique qui puisse dépasser cette réalité. La plate-forme servant de siège et de lit ne mesurait que sept pieds de largeur sur six de profondeur, sa forme étant semi-elliptique ; eh bien, en comprenant les enfants, et sans me compter, treize personnes s'y trouvaient réunies.

Le *kotluk*, ou lampe de chaque matrone, brûlait avec une flamme de seize pouces de longueur. Un quartier de phoque, qui gisait gelé sur le plancher, avait été coupé par tranches, et commença à fumer par morceaux de dix à quinze livres. Le maître du logis, avec l'aide d'un jeune amateur, fils de quelqu'un des dormeurs, dépêchait les portions à l'assistance. Ils m'invitèrent très cordialement à faire comme eux, mais la vue seule de ce régime culinaire me suffisait.

E. KANE, *La mer Polaire* (*Tour du Monde*).

(1) Banc ou lit en neige battue, recouvert de peaux, et qui garnit le pourtour intérieur de la hutte.

INSENSIBILITÉ DES POPULATIONS DU NORD

Impossible d'imaginer des êtres d'une insensibilité aussi obtuse que ces sauvages. Mes chiens montrent plus de sympathie les uns pour les autres. Ils courent ensemble le même gibier, et, s'ils se mordent souvent, ils redeviennent amis aussitôt que leurs dents ont vidé la querelle. Ces gens-ci ne se battent jamais. Un rival les inquiète, un vieillard décrépit leur est à charge, une femme est soupçonnée de sorcellerie, un paresseux n'a pas de chien et vit aux dépens des autres : on vous le harponne en secret, et tout est dit. Ils se défont même de leurs propres enfants, lorsque ceux-ci sont trop nombreux ou affectés de quelque infirmité !

HAYES, La Terre de désolation.

CHASSE AUX LUMMES, DANS LES MERS ARCTIQUES

A un kilomètre seulement de la falaise, nous commençâmes à entrevoir les oiseaux. Ils venaient voler autour de nous par bandes considérables. Comme les autres plongeons, ceux qui étaient sur l'eau s'enlevaient avec difficulté, battant des ailes à grand bruit, tout près de la surface de la mer, avant de prendre le vol. Leur nombre allait croissant à mesure que nous approchions. Il nous semblait d'abord entendre quelque lointaine chute d'eau ; ce murmure augmenta rapidement ; près de la muraille il devint si fort, que le capitaine et moi étions obligés de beaucoup élever la voix quand nous avions quelque chose à nous dire. Ce tapage provenait du mouvement d'ailes et des cris aigus des

oiseaux postés sur la roche ou volant tout autour. Chacune des saillies de la falaise, large de quelques pouces ou de deux ou trois pieds, se mesurant par mètres ou par toises, horizontale ou déclive, plate ou irrégulière, était occupée par des lummes, campés sur la

Les lummes.

partie postérieure du corps, serrés les uns contre les autres, la tête tournée vers la mer. Rangée par rangée, les lummes tenaient le moins d'espace possible, et, d'un peu loin, rappelaient à s'y méprendre des soldats en tunique blanche, képi noir, épaule contre épaule, en ordre pour une revue. Sur les assises inférieures, on pouvait aisément les compter; plus haut, on en voyait encore les lignes; à la cime des rochers, on ne distinguait plus rien. D'abord cette attitude étrange, cette immobilité, m'étonnèrent; je reconnus bientôt que c'étaient des femelles couvant chacune son œuf unique.

Les lummes ne font pas de nid; l'espoir de leur race est tout simplement déposé sur la roche nue; la mère le relève avec son bec et l'équilibre sur un bout, puis elle s'y assied comme sur un tabouret.

Après avoir considéré pendant quelques minutes ce singulier spectacle, nous nous rappelâmes le but de notre excursion. Nos fusils simultanément déchargés, il tomba à la mer de quoi faire dîner tout l'équipage. Mais quel changement à vue dans l'aspect de la falaise! Aussitôt après la détonation, le vacarme s'était arrêté; toutes ces voix criardes se taisaient à la fois. Les oiseaux bondirent dans l'air; le battement sauvage de leurs ailes, frôlant la falaise, rappelait le souffle d'un ouragan; ils étaient si nombreux, qu'en passant ils projetaient leur ombre sur nous comme un nuage. Une partie des œufs abandonnés précipitamment roulaient sur la banquette et pleuvaient le long de la falaise, qu'ils marbraient de jaune et de blanc. Mais les infortunées couveuses ne restèrent pas longtemps dans les airs; la plus grande partie alla s'abattre à quatre cents mètres environ sur les eaux éclaboussées à grand bruit; la surface en devint toute noire. En dépit du danger, quelques-unes avaient déjà viré de bord et reprenaient leur place avant que l'œuf se refroidît; les autres, à leur tour, songèrent à revenir sauvegarder leur trésor.

Mais tous les tabourets de famille ne devaient pas être réintégrés paisiblement : nombre d'oiseaux manifestaient l'irritation la plus violente; il nous semblait voir des poissardes en colère; le plumage hérissé, elles s'injuriaient l'une l'autre à plein gosier, elles arrachaient les plumes de leur adversaire, elles essayaient de lui crever les yeux. Ces lummes se comptaient par millions sur la falaise. Jugez du vacarme. Je crus d'abord que c'était par amour des disputes; une observation plus attentive

Chasse aux lamnes.

m'expliqua bientôt ce tumulte. Plusieurs de ces commères étaient des voleuses effrontées; sans honte et sans remords, elles venaient de s'emparer de l'œuf de la voisine. La mère est parfois obligée de quitter sa station sur la roche; elle ne peut se laisser mourir de faim en attendant l'éclosion du poussin. Peut-être, trop négligente, a-t-elle renversé son œuf en prenant le vol; peut-être, en se querellant, ses compagnes l'ont-elles poussé par mégarde sur le bord de la falaise. Elle ne le trouve pas à son retour : rester honnête, c'est n'avoir pas de petit lumme à montrer à ses amies; elle n'hésite pas un instant à s'adjuger le premier œuf sur lequel elle peut mettre le bec, et à s'y asseoir avec le sang-froid et l'égalité d'âme de la plus vertueuse des mères. La vraie propriétaire revient et trouve sa place prise; elle cherche rapidement quelque tabouret vide; s'il ne s'en présente pas, gare à ses camarades de banquette innocentes ou coupables ; une lutte acharnée succède aux invectives; souvent le combat n'est pas terminé, que l'objet en litige dégringole sur les roches; immédiatement les couveuses de se séparer pour procéder à quelque nouveau rapt. Quelquefois le précieux dépôt ne reste pas sans protecteur : le mâle remplace sa compagne, tandis que celle-ci vaque à son déjeuner. Mais elle sait bien qu'il remplit sans le moindre enthousiasme ce devoir domestique; elle avale à grande hâte son repas de petits crustacés, se plonge dans la mer pour son bain du matin et retourne à tire d'aile rendre son époux à la liberté. Le lumme célèbre alors sa délivrance par un cri de joie et un battement d'ailes fort amusant pour les spectateurs.

Hayes, *La Terre de désolation*.

CHASSE A L'OURS

Les deux malheureuses victimes, une mère et son petit, dormaient sur le versant d'une chaîne de hummocks; réveillées par les aboiements des chiens, elles se dirigèrent immédiatement vers les crevasses ouvertes à une distance d'environ sept kilomètres. Sans attendre les incitations de leurs conducteurs, et comme s'ils avaient oublié leurs traîneaux, les chiens s'élancèrent à la poursuite des fugitifs. Les hummocks, fort élevés déjà, étaient séparés par d'étroites et sinueuses ravines, et si les ours avaient eu l'instinct de s'y cantonner, leurs ennemis, arrêtés à chaque instant, et ne pouvant pas toujours suivre leurs traces, n'auraient probablement pas réussi à les atteindre; mais la chaîne avait tout au plus un demi-kilomètre de large, et les ours, la traversant au plus vite, songeaient évidemment à gagner une énorme fissure où devait se trouver un espace de mer. Atteindre l'eau était pour eux le salut. Tout aussi bien que les chasseurs, les chiens paraissaient le redouter, car ils suivirent la piste avec tout le sauvage élan de leur brutale nature. Enragés par la perspective de voir échapper leur proie, ils parcouraient l'espace comme un tourbillon furieux. Jansen et Hans les excitaient par tous les moyens que leur suggérait une longue expérience, les traîneaux volaient sur la neige durcie et rebondissaient sur les pointes aiguës qui se projetaient sur la surface glacée.

En moins d'un quart d'heure, la distance était réduite à quelques centaines de mètres. La mer, espoir des fugitifs et terme fatal de la poursuite, se rapprochait aussi, mais l'ourse était arrêtée dans sa marche par son petit qu'elle ne voulait pas abandonner; effrayé et anxieux, il trottait pesamment près d'elle, et c'était pitié d'entendre les appels déchirants de la pauvre mère, de voir sa profonde douleur: elle comprenait parfaitement le péril, mais ne pouvait se résoudre à fuir sans sa progéniture. La crainte et

Chasse à l'ours.

l'amour maternel semblaient lutter alternativement dans son cœur; elle s'élançait vers la mer, pour revenir bientôt en arrière et pousser de son museau le pauvre petit être que ses forces abandonnaient; elle courait à côté de lui comme pour l'encourager. L'ennemi s'avançait toujours, les chiens oubliaient leur fatigue et tiraient de plus en plus sur leur collier; le moment critique approchait, et les angoisses de la malheureuse famille auraient ému les âmes les moins accessibles à la compassion : l'ourson ne pouvait plus marcher.

Arrivés à 50 mètres environ, les conducteurs se penchèrent en avant et saisirent le bout de la courroie qui réunissait tous les traits et les glissèrent hors du nœud coulant : les traîneaux s'arrêtèrent soudain, et les chiens, délivrés de toute entrave, s'élancèrent après leur proie en poussant des hurlements féroces. En entendant tout près d'elle le bruit de la meute altérée de son sang, la pauvre mère comprit que la fuite était désormais impossible : elle se retourne à demi, et, s'affermissant solidement sur la neige, elle se prépare au combat avec le courage du désespoir, tandis que l'ourson, affolé de terreur, courait autour d'elle et finit par se réfugier entre ses jambes...

Profitant d'un instant où l'ourse se trouvait un peu à découvert, Jansen et Hans la visèrent à la bouche et à l'épaule ; elle fit entendre un long rugissement de colère et de douleur, mais ce n'étaient pas là des blessures mortelles, et la bataille continua plus terrible que jamais : la neige s'arrosait de sang, un filet rouge coulait de la gueule de l'ourse ; le petit, déchiré et pantelant, allait rendre le dernier soupir ; un de nos chiens gisait presque sans vie et un autre marquait de larges taches cramoisies la couche de givre sur laquelle son agonie s'exhalait en faibles gémissements.

Une décharge des trois carabines jeta le colosse sur son flanc, et les chiens s'élancèrent de nouveau à l'attaque. Quoique fort épuisée par la perte de son sang, l'ourse n'était pas hors de combat : rassemblant ses forces, elle obligea encore les assaillants à une retraite précipitée, et ramena sous son corps ce petit pour lequel elle donnait sa vie;... mais l'ourson, à moitié étranglé par la meute acharnée, couvert d'affreuses plaies, expira. En le voyant couché immobile, sa mère oublia tout, ses blessures, son danger, la meute furieuse qui la déchirait sans relâche, et se mit à le lécher avec une tendresse passionnée; se refusant à le croire mort, elle cherchait à le relever, elle le caressait pour l'encourager à combattre, puis tout d'un coup elle parut comprendre qu'il n'avait plus besoin de sa protection, et se retourna vers ses bourreaux avec un redoublement de rage. Elle parut aussi en même temps s'apercevoir qu'elle avait d'autres ennemis que la horde aboyante qui s'acharnait sur elle. Hans s'avançait avec un épieu; elle secoua violemment la grappe de chiens suspendue à son corps et se précipita à sa rencontre; il jeta son arme et s'enfuit de toute la vitesse de ses jambes; mais elle courait encore plus vite que lui, et l'Esquimau était infailliblement perdu si Sonntag et Jansen, qui avaient pu recharger leurs carabines, n'eussent réussi à arrêter le terrible animal en pleine course : une balle pénétra dans son épine dorsale, à la base du crâne, et il roula sur la neige imprégnée de sang.

HAYES, Tour du Monde.

CÉRÉMONIES FUNÈBRES DANS L'ALASKA

Les morts ne sont pas oubliés ici aussi vite qu'il arrive souvent parmi les sauvages; le deuil dure une année entière; pendant ce temps, les femmes se réunissent plusieurs fois pour pleurer sur leur défunt et rappeler ses vertus, réelles ou supposées.

A l'anniversaire du décès, une fête termine les rites funèbres. Pendant mon séjour à Noulato, je fus témoin d'une de ces cérémonies ; elle eut lieu dans la caserne du fort, que le gouverneur, sur la demande des indigènes, avait mise à la disposition de la famille affligée. Un enfant était mort l'année précédente ; le deuil finissait, un grand repas devait réunir les parents et les amis. D'abord tous les visages furent tristes, des larmes mouillaient les yeux des femmes ; peu à peu, la gaieté se fit jour parmi les con-

Tombeau d'un chef indigène dans l'Alaska.

vives. Je ne vis jamais plus bizarre mélange de lamentations et de réjouissances.

La mère, entourée de quelques matrones, continuait à pleurer amèrement, pendant que les invités chantaient en chœur et dansaient avec un infatigable entrain autour d'un mât peint de couleurs éclatantes, décoré de guirlandes de perles, de magnifiques peaux de loup, de fourrures de martre. Ils demeurèrent jusqu'au matin, n'interrompant leurs joyeux ébats que pour manger et boire. Le vacarme était impossible à décrire ; un enfant, surtout, ne cessa de crier de toute la force de ses poumons, si bien que, les jours suivants, le petit diable se trouva, par une juste compensation, complètement privé de la voix. Les objets qui garnissaient le mât furent, à la fin de la cérémonie, partagés entre les conviés. On peut juger de l'impétuosité des danseurs, du zèle qu'ils mettaient à leurs exercices chorégraphiques, par ce fait que le poêle massif placé au milieu de la chambre fut ébranlé sur sa base et en partie démoli.

Au lieu d'enterrer les morts, les indigènes les placent dans des boîtes oblongues, élevées sur des pieux qui les maintiennent à un ou deux mètres du sol ; quelquefois on les décore de fourrures, qui pendent au-dessus comme des bannières ; le plus souvent, on les recouvre de tous les objets qui ont appartenu au défunt, tels que son canot, ses rames, ses raquettes. L'usage de ces cercueils aériens est aussi répandu parmi les tribus de la côte.

La dépouille des hommes ne jouit pas seule du privilège d'être religieusement conservée. Les indigènes ont pour les ossements des animaux une sorte de respect superstitieux ; ils les amassent dans leurs maisons, au lieu de les jeter au feu ou de les donner aux chiens. C'était pour eux un véritable scandale lorsqu'ils nous voyaient laisser dévorer par les bêtes de notre attelage les débris d'un gigot de renne.

« Vous nous portez malheur, s'écriaient-ils ; nos chasses seront infructueuses et nos pièges laisseront échapper le gibier. »

Frederick Whymper, *Voyage et aventures dans la Colombie anglaise, l'île Vancouver et l'Alaska* (Tour du Monde).

CANADA ET NOUVELLE-ÉCOSSE

L'HOSPITALITÉ CANADIENNE

De quelque côté que l'on aille à travers ce bon cher pays, le souvenir de la France reparaît à chaque pas, dans les débats parlementaires, dans les entretiens de famille, dans l'application des lois, dans les habitudes domestiques, et jusque dans les noms de rues, de villages, de hameaux. C'est l'histoire de France que les parents se plaisent à narrer à leurs enfants ; c'est une naïve chanson de France dont le peuple a fait son chant national : les paysans l'entonnent gaiement dans leurs fêtes ; les bateliers du Saint-Laurent et de l'Ottawa s'encouragent au travail en la chantant sur leurs radeaux.

Quand un Français arrive dans cette contrée, il y est reçu comme un frère. On n'attend pas qu'il fasse les premières visites ; on vient au-devant de lui en lui tendant une main affectueuse, en lui adressant des offres de service qui ne sont point de vaines paroles ; on le conduit avec empressement dans l'intérieur des familles. C'est un des fils de la contrée d'où est sortie, comme d'une ruche d'abeilles, la colonie de Champlain, et, à ce titre, c'est l'hôte, c'est l'ami de la maison canadienne. Quelle émotion de cœur on éprouve dans cet accueil hospitalier, surtout lorsqu'on vient des zones glaciales de la superbe Confédération américaine ! Quel bonheur de retrouver, à la place de ces faces de dollars qui trônent dans les comptoirs de New-York, la riante et vive physionomie, le sourire cordial du Canadien, d'entendre résonner à deux mille lieues de Paris la chère langue du sol natal, pure et correcte, dans la rustique demeure du paysan, comme dans celle de l'habitant des villes !

X. MARMIER, *Voyages en Amérique*, etc.

LES HABITANTS DE LA NOUVELLE-ÉCOSSE

Les traits fins de l'Acadien, son franc et calme sourire, son regard bienveillant, quoique assuré, sa taille haute et ferme, tout cela atteste cette noble confiance que développe l'habitude des luttes victorieuses contre la nature au sein d'une société dont on est un membre utile et actif. Cet instinct de puissante personnalité n'a pu que croître au contact des citoyens libres de l'Angleterre et des États-Unis, et il n'a pourtant pas altéré les caractères originels. Comme leurs ancêtres, les Acadiens de nos jours sont simples, honnêtes, hospitaliers, religieux, indomptables au travail, courageux sans bravade. Chez eux se perpétue la vie patriarcale des familles acadiennes des XVIᵉ et XVIIᵉ siècles, fidèle reflet des mœurs provinciales de ce temps et de la race française, à la fois très sociable envers les étrangers et très persistante dans son type propre.

Jules Duval, Les colonies françaises.

ÉTATS-UNIS

L'ESPRIT AMÉRICAIN (Citations diverses)

En dirigeant avec une vigueur sans pareille, mais peut-être d'une manière trop exclusive, leur activité vers la création du matériel de la civilisation, les Américains ont négligé ou laissé sur le second plan les sciences et les arts, qui ont pour objet la culture de l'homme lui-même et le bon gouvernement de la société.

DE MOLINARI.

En Amérique, l'éducation est donnée par les communes et non par l'État; le budget de la guerre passe à l'instruction publique.

HORACE MANN.

L'âge moyen auquel les élèves quittent leurs études est de douze à quatorze ans. Que peuvent-ils savoir, à cet âge ? Et que vont-ils devenir, au sortir des écoles ? Ils prennent position chez un avocat, chez un banquier ou dans le commerce ; ils ne tardent pas à recevoir deux à trois mille francs d'appointements, et dès lors ils ont une indépendance qui les fait échapper au contrôle de leurs parents. C'est là un des traits des mœurs nouvelles.

AUGUSTE CARLIER.

Dans ce pays, ce qui distingue la masse du peuple, c'est qu'elle possède des moyens d'amélioration, de culture intellectuelle et morale qu'on ne rencontre nulle part ailleurs.

CHANNING.

L'Union américaine se trouve aujourd'hui sous le régime de la démocratie illimitée. Tout Américain, blanc, noir ou coloré, est électeur, et tous les emplois importants sont confiés à l'élection.

De Molinari.

LE CARACTÈRE AMÉRICAIN

Si les Américains aiment l'argent, ce n'est pas pour l'entasser, mais pour se livrer aux jouissances du luxe ou se lancer dans des spéculations nouvelles. Harpagon est un type qui n'existe pas chez eux. Ils n'ont même pas généralement ces habitudes de patiente économie qui sont la force et la vertu de nos vieilles races de paysans et de bourgeois. Leur facilité à dépenser et au besoin leur générosité égalent leur âpreté au gain.

Cette soif de l'or, qui est commune à tous, a peut-être le bon effet d'amortir les luttes politiques, au moins aussi longtemps qu'un champ sans limites sera ouvert au travail et à la spéculation. L'amour effréné de l'argent ravale en effet tous les hommes au même niveau et étouffe les fanatismes ardents, comme les passions généreuses.

Cette même ardeur à poursuivre la richesse disperse de bonne heure la famille. Vieux parents, *home*, terres paternelles, rien ne retient les gens qu'elle domine exclusivement. L'amour de l'argent ne prend pas comme chez nous la peine de se dissimuler. *Le tout-puissant dollar!* disent les Américains avec admiration. Un nouveau venu lui est-il présenté : *Combien de dollars vaut cet homme?* demandent-ils, là où nous nous informerions de son passé et de son mérite. On passe tout à un homme riche, et, sauf dans quelques cercles choisis, une banqueroute ne compte pour rien quand la fortune est ensuite survenue. Nulle part le mérite sans richesse n'est moins apprécié. De là l'infériorité de la littérature et des arts ; de là les allures mercantiles que prennent les professions que nous appelons libérales.

CLAUDIO JANNET. *Les États-Unis contemporains.*

MÊME SUJET

L'Américain veut jouir ; pour jouir, il faut qu'à force de travail il puisse gagner de l'argent, ce qui, dans le Nouveau-Monde, est toujours possible et souvent facile. Cela fait, il s'impose aux autres de bonne foi, il se croit devenu l'égal de tous. Il tâche donc de s'élever. Il cherche l'égalité dans une sphère supérieure à celle où il est né et d'où il part. Le démocrate européen compte arriver à l'égalité en abaissant les autres à son propre niveau. Des deux démocratismes, je préfère l'américain. Mais il paraît qu'ici-bas, en Amérique comme dans notre hémisphère, l'égalité n'est possible qu'en théorie. Cela ne m'a frappé nulle part plus qu'aux États-Unis.

Les gens à l'esprit cultivé, aux mœurs élégantes, au goût des traditions historiques, et par conséquent des choses d'Europe, se dérobent dans une certaine mesure à la vue du public, forment un monde à part, fuient, parce qu'il leur est hostile, le contact avec la vie réelle, avec les grandes activités qui exploitent ce continent immense, qui en découvrent et font valoir les trésors, qui créent toutes ces merveilles que nous admirons avec raison. Il est permis d'étaler un luxe effréné parce que les biens matériels sont accessibles à tous. Il n'est pas permis d'exposer aux regards de la multitude, qui sent qu'elle ne pourra jamais s'élever à ces hauteurs, le spectacle des jouissances de l'esprit et des raffinements des mœurs. Ces trésors sont soigneusement cachés, comme les juifs du moyen âge cachaient, comme les hommes considérables de l'Orient cachent encore, l'opulence de leur foyer derrière des murs d'enceinte de pauvre apparence.

Cela fait qu'aux États-Unis nous rencontrons plus souvent des hommes prétentieux et vulgaires que des gens comme il faut. De là l'opinion si généralement répandue en Europe, et c'est une erreur, que l'Américain du Nord ne sait pas vivre. La vérité est que les parvenus, — mais parvenus le plus souvent grâce à leur intelligence, à leur courage, à leur activité, — que ces hommes remarquables qui ont eu le temps de faire fortune, mais qui n'ont pas trouvé le moyen de faire eux-mêmes leur éducation, qui sentent leur valeur et souffrent en même temps de se voir exclus du commerce de leurs supérieurs, — supérieurs par l'éducation, par les habitudes et par les manières, — la vérité est que ces hommes s'imposent partout, tandis que les vrais gentlemen et les vraies ladies mènent une vie comparativement retirée; qu'ils protestent par leur absence contre cette prétendue égalité, et constituent, dans les grandes villes de l'Est, surtout à Boston et à Philadelphie, une société plus exclusive que ne le sont les coteries les plus inaccessibles des cours et des capitales d'Europe.

Le baron DE HUBNER, *Promenade autour du monde*, 1871.

LES BEAUX-ARTS AUX ÉTATS-UNIS

Les beaux-arts n'ont jusqu'à présent qu'une page blanche dans l'histoire des États-Unis (1), et la vanité patriotique des Américains les empêche seule de faire des emprunts à leurs voisins d'outre-mer plus favorisés qu'eux sous ce rapport. Il leur arrive parfois d'apporter, de leurs excursions en Europe, des copies plus ou moins bonnes des tableaux de maîtres ou les productions originales de

---

(1) Depuis la publication des écrits de M. Rodolphe Lindau, les États-Unis ont fait de notables progrès dans le monde des arts, surtout dans les arts utiles et industriels. L'Europe paraît même à la veille d'être égalée sur bien des points par la jeune Amérique.

quelque peintre en vogue ; mais il suffit de voir dans quel milieu ils placent ces produits exotiques pour comprendre que le sentiment de l'harmonie fait grandement défaut à l'Américain, et qu'il a été guidé dans son choix ou par un avis intéressé ou bien par un simple caprice. D'ailleurs, même ces amateurs de parade, qui ont au moins le mérite de reconnaître l'infériorité de leur pays au point de vue des arts, sont chez eux en grande minorité. La plupart des Américains avec lesquels je me suis trouvé en rapport laissaient voir ou confessaient même qu'ils étaient incapables de mesurer la distance qui sépare Michel-Ange, Rembrandt et Beethoven du vulgaire des hommes. Les conceptions de ces maîtres demeurent inaccessibles à des intelligences tournées naturellement vers le côté pratique de la vie humaine.

RODOLPHE LINDAU, *Revue des Deux Mondes.*

LE COLON AMÉRICAIN

Le colon américain, en pleine possession de toutes ses forces, maître de tous ses actes, aidé par le crédit et la viabilité perfectionnée, se gouvernant lui-même et prenant part au gouvernement de son pays, indépendant de l'État et des fonctionnaires dans les limites de la paix publique, pourvoyant à l'éducation de ses enfants, fondant en toute sécurité une famille et une fortune dans sa patrie adoptive, et payant tous ces dons de la liberté par une responsabilité dont personne n'allège le fardeau, devient ce vaillant pionnier que les hommes d'État admirent et que la poésie célèbre. Sous sa hache les forêts tombent ; sous sa charrue les récoltes germent ; dans les solitudes de la prairie murmure bientôt le bourdonnement d'une ruche humaine. Un jour, de nouveaux essaims s'en détachent et vont, sur l'aile des wagons, porter au loin, dans l'Ouest, la même ardeur de création.

Cet homme est une puissance; il le sent, il en a le légitime orgueil, et, dans son admiration reconnaissante du pouvoir qui lui est départi, comparé à sa condition passée, il en remercie Dieu tous les dimanches par le repos, la prière et le culte. Sa propre grandeur l'élève et fortifie en lui la religion, parce qu'il se voit et se dit l'instrument de la volonté divine sur le coin du globe où sa destinée l'a conduit. Et, quand arrive le jour des derniers adieux, il part avec la conscience d'avoir dignement accompli sa mission terrestre en défrichant les déserts au profit des générations futures.

Jules Duval, Histoire de l'émigration.

LES CHEMINS DE FER EN AMÉRIQUE

La liberté est grande, on le sait aux États-Unis, et chaque voyageur peut à son gré se tenir sur la balustrade des wagons, passer d'une voiture à l'autre, se pencher en dehors du train, le tout à ses risques et périls. Chacun doit être là-bas son seul protecteur, et l'État et les compagnies ont bien autre chose à faire qu'à vous gêner dans vos mouvements. Souvent les trains en marche traversent les villes sur le parcours, en longeant les rues et les places, et la cloche mise en branle à toute volée par la locomotive avertit seule les passants. Dans les gares, dans les trains, on entre, on sort, on va, on vient à volonté. Il n'est pas défendu, comme chez nous, aux parents et aux amis d'accompagner les partants jusqu'à la portière des voitures et de rester ainsi jusqu'à la dernière heure avec ceux que la vapeur va bientôt emporter. Au demeurant, tout le monde s'en trouve bien, les voyageurs tout les premiers : les chemins de fer ne sont-ils pas surtout faits pour eux?

L. Simonin, <i>De Washington à San-Francisco</i> (Tour du Monde).

Embarcadère d'Omaha (États-Unis).

UN HOTEL A CHICAGO

Les Américains se pressent aux abords et dans les vestibules des grands hôtels, où tout le monde a son entrée libre. A tout moment, des omnibus viennent déverser à la porte des voyageurs, qui forment aussitôt queue, attendent patiemment et silencieusement, avancent lentement, reçoivent enfin des mains du gentleman *at the office* la clef de la chambre où ils passeront la nuit. En même temps, des masses de coffres semblables à des murs cyclopéens se font et se défont avec une promptitude miraculeuse. Les *porters*, en manches de chemise, manient ces fardeaux avec une facilité étonnante. Ce sont tous des Irlandais. Ils se distinguent des Américains par leur air enjoué, et, vis-à-vis des passagers, par leurs manières comparativement respectueuses. Ils se font remarquer aussi par la puissance et les dimensions herculéennes de leurs membres. L'Américain, me dit-on, n'est pas propre au métier de *porter*. Il manque des forces nécessaires, et sa santé ne saurait résister à cet excès de travail.

Un grand nombre de billards, tous occupés pendant la soirée et fort avant dans la nuit, remplissent le *bar-room*. Cette basse mais vaste pièce occupe une partie du sous-sol et est éclairée *a giorno* par des flammes de gaz qui augmentent la chaleur et marient agréablement leurs exhalaisons infectes avec les vapeurs alcooliques que le *barnum* dispense. Des groupes d'hommes se tiennent debout devant ce personnage important, admirable surtout quand il prépare de la limonade. Il délaye le sucre dans de l'eau, ajoute le jus du fruit après l'en avoir extrait en un clin d'œil au moyen d'une petite presse qui ressemble à un casse-noisettes, y place des morceaux de glace pure comme le cristal de roche, et, en passant et repassant le liquide du verre dans un gobelet de métal, en accélère la congélation. C'est l'affaire de quelques instants.

Enfin je monte dans mon appartement sans profiter de l'*elevator*, puisque j'ai le privilège de loger au premier. J'allume, non sans peine, les becs de gaz et je prépare mon bain. Malheureusement, à peine suis-je plongé dans l'eau tiède, le gaz s'éteint, s'échappe par le robinet laissé ouvert par mégarde et remplit ma chambre d'une odeur méphitique. Je m'élance hors de la baignoire et j'ai la mauvaise fortune d'en déranger le bouchon.

La moralité de cette petite mésaventure est qu'il faut tout apprendre, même à se servir des mille inventions, aussi pratiques qu'ingénieuses, qui constituent ce qu'on appelle le confort des hôtels américains, et qui ont pour but d'économiser le travail, de réduire au *minimum* le nombre du personnel, de rendre le voyageur indépendant en le mettant à même, moyennant des procédés mécaniques, de se suffire tout seul. On le sert à table, on fait sa chambre et l'on nettoie ses chaussures; mais on *calcule* qu'il brosse ses habits, et l'on *devine* qu'il sait manier les robinets des becs de gaz, de l'eau chaude et de l'eau froide. Les auberges sont toutes construites, montées, arrangées sur le même modèle. Les repas sont copieux et médiocres. On mange à la hâte et en silence. Les garçons, des hommes de couleur, vous servent d'un air distrait et maussade, à moins que vous ne leur soyez recommandé par le maître d'hôtel auprès duquel vous avez été introduit par le gentleman de l'office. En ce cas, ils attendent une petite gratification, vous sourient gracieusement, deviennent même respectueux, et vous apportent des friandises, des *niceties*, qui ne paraissent pas sur le menu. Il n'y a ni addition ni petite dépense. Tout est abondant, la ventilation excellente, l'ensemble de la vie d'auberge pratique et désagréable.

Un grand nombre de familles, surtout les nouveaux mariés, vivent dans les auberges. Cette méthode sauve la dépense d'un premier établissement et les ennuis du ménage; elle facilite aussi les déplacements, si fréquents dans la vie des Américains, d'une ville à une autre, mais elle a l'inconvénient de condamner la jeune femme à l'isolement et à l'oisiveté. Pendant la journée, le mari est à ses affaires. Il rentre aux heures des repas, qu'il avale en silence avec la férocité de l'homme affamé. Puis il retourne à sa galère. Les enfants, s'il en a, lorsqu'ils ont atteint l'âge de cinq ou six ans, fréquentent les écoles, s'y rendent et en reviennent seuls, passent le reste de leur temps comme bon leur semble, jouissent, en un mot, de la plus entière liberté. L'autorité paternelle est à peu près nulle, ou elle ne s'exerce pas. Quant à l'éducation, on ne leur en donne aucune; mais l'instruction, toujours publique, est comparativement forte, et elle est surtout accessible à tous. Ces petits gentlemen ont le verbe haut, le regard altier et fin (*sharp*) de l'homme mûr de leur nation; ces petites dames de huit à dix ans promettent de devenir de *fast young ladies*.

Le baron DE HÜBNER, *Promenade autour du monde*, 1871.

LES CLIPPERS

On ne saurait passer sous silence, quand on s'occupe de la navigation aux États-Unis, les merveilles que les *clippers* américains ont réalisées sur le Pacifique. Ces immenses navires, aux formes élégantes et sveltes, portant plusieurs milliers de tonneaux, font souvent en moins de cent jours la traversée de San-Francisco à New-York et à Boston. Comme on compte environ 20000 milles marins de route par le cap Horn, c'est pour cent jours une marche moyenne de 200 milles en vingt-quatre heures; or, on sait que le mille marin est égal à 1852 mètres, et que deux de ces milles font à peu près une lieue terrestre. Beaucoup de bons bateaux à vapeur ne vont pas plus vite que les *clippers*. Il est vrai que les vents alizés et les courants sous-marins interviennent ici d'une manière favorable, car les *clippers* suivent tous la marche qui leur a été indiquée dans le livre-guide du commandant

Maury, directeur de l'observatoire de Washington avant la guerre des États-Unis. On connaît les belles études de cet illustre marin sur les courants de l'atmosphère et de la mer. Auparavant il fallait six mois pour aller des États-Unis à San-Francisco, par le cap Horn ; aujourd'hui, grâce au commandant Maury, la route peut être raccourcie de moitié, et l'on se demande pourquoi nos navires marchands, partis du Havre, de Nantes, de Bordeaux ou

Le clipper Great Republic.

de Marseille, mettent encore cent quatre-vingts jours et plus pour atteindre San-Francisco. Des navigateurs des colonies espagnoles sur le Pacifique m'ont assuré que, dans leur course au cabotage, ils avaient vu souvent apparaître et disparaître en quelques heures à l'horizon plusieurs de ces *clippers* américains naviguant à toutes voiles. Il résulte des livres de loch que certains de ces bâtiments atteignent parfois la marche miraculeuse de seize ou dix-huit milles à l'heure, qu'aucun *steamer* n'a encore dépassée. Le développement de voilure est incroyable sur le *clipper*, et il n'est pas de plus beau spectacle en mer que celui d'un de ces immenses navires, les quatre mâts blanchis par les voiles, fen-

dant les flots avec une rapidité qui atteint quelquefois jusqu'à
32 kilomètres à l'heure, vitesse moyenne d'un train de marchandises sur les voies ferrées. Les deux plus beaux voyages de
clippers américains qu'on ait cités dans cette course sur les deux
océans sont ceux du *Great Republic* et du *Flying Cloud*, en 1854.
Partis de New York, ils arrivèrent à San-Francisco, le premier
en quatre-vingt-sept jours, le second en quatre-vingt-neuf, après
avoir fait des journées de 375 milles, soit en moyenne 16 milles
à l'heure.

L. SIMONIN, Les pays lointains.

QUALITÉS DES PEAUX-ROUGES

L'Indien est brave quand le succès d'une entreprise dépend de
sa bravoure. L'éducation qu'il reçoit, ou peut-être une impulsion
naturelle, lui fait un point d'honneur de détruire l'ennemi par
stratagème et de manière à garantir sa propre personne, tandis que
notre éducation nous enseigne à préférer la force à la ruse. Il se
défendra contre une nuée d'ennemis, et il aimera mieux s'exposer
à la mort que de se rendre aux blancs, quoiqu'il sache qu'il sera
bien traité par eux. Dans d'autres situations, il affronte la mort
avec plus de résolution encore, et il subit des tortures avec une
fermeté que l'enthousiasme religieux ne produirait point chez
l'Anglo-Américain. Il aime ses enfants jusqu'à la tendresse, et il
a pour eux beaucoup de sollicitude et d'indulgence. Son amitié
est capable des plus grands dévouements. Sa sensibilité est
exquise, et l'on a vu des guerriers pleurer des larmes amères sur
la tombe de leurs enfants, quoique, à vrai dire, ils s'efforcent de
paraître dominer les événements humains. L'activité et la vivacité

d'esprit de l'Indien est égale à la nôtre dans des situations analogues. De là sa passion pour la chasse et les jeux du hasard. Il est vrai que, parmi eux, les femmes sont soumises à de pénibles et injustes fatigues; mais, si je ne me trompe, il en est ainsi chez tous les peuples barbares, pour lesquels la force fait loi... C'est la civilisation seule qui rétablit la femme en possession de son égalité naturelle avec l'homme. Les principes de leur société repoussant toute voie coercitive, le seul moyen d'amener des Indiens à l'accomplissement de leurs devoirs est la persuasion et l'influence personnelle. Il en résulte, pour les chefs, la nécessité d'être éloquents dans les conseils, braves et adroits dans la guerre. Toutes leurs facultés sont dirigées de ce côté. Les Anglo-Américains ont des preuves nombreuses de leur intrépidité et de leur tactique dans la guerre, mais on a moins de témoignages de leur supériorité oratoire, parce que c'est dans leurs délibérations privées qu'ils ont plus d'occasions de déployer leur habileté. Quelques Indiens ont acquis dans cette branche un lustre remarquable et pourraient rivaliser avec les harangues de Démosthène, de Cicéron et autres éminents orateurs.

JEFFERSON.

FUNÉRAILLES CHEZ LES CHINOUKS

Lorsqu'un Indien meurt, on place son corps sur un bouclier de bois résineux, et la femme du défunt est elle-même étendue sur le cadavre. On met le feu, et la malheureuse femme reste là jusqu'à ce qu'elle soit presque suffoquée. On la fait alors descendre, et, une fois à terre, elle doit se tenir auprès des bûches et rétablir dans la position normale les membres du cadavre,

Chef Peau-Rouge en grand costume.

constamment soulevés et tordus par l'activité du feu. C'est une effroyable opération, qu'elle est obligée, bon gré mal gré, d'accomplir. Pendant ce temps, les assistants chantent et battent des tambours pour couvrir ses cris de douleur. Enfin le corps est presque entièrement consumé et le bûcher s'éteint. La veuve recueille avec soin les cendres de son mari, les dépose dans un sac qu'elle doit porter trois ans sur le dos, et devient esclave d'un parent du défunt. Durant ces trois ans, il ne lui est permis ni de se laver ni de se peigner.

Lavollée, Revue des Deux-Mondes.

DANSE CHEZ LES SAUVAGES

La danse chez les sauvages, comme chez les anciens Grecs et chez la plupart des peuples enfants, se mêle à toutes les actions de la vie. On danse pour les mariages, et les femmes font partie de cette danse; on danse pour recevoir un hôte, pour fumer un calumet; on danse pour les moissons; on danse pour la naissance d'un enfant; on danse surtout pour les morts. Chaque chasse a sa danse, laquelle consiste dans l'imitation des mouvements, des mœurs et des cris de l'animal dont la poursuite est décidée : on grimpe comme un ours, on bâtit comme un castor, on galope en rond comme un bison, on bondit comme un chevreuil, on hurle comme un loup, et l'on glapit comme un renard.

Dans la danse des braves ou de la guerre, les guerriers, complètement armés, se rangent sur deux lignes; un enfant marche devant eux un *chichikoué* à la main : c'est l'*enfant des songes*, l'enfant qui *a rêvé* sous l'inspiration des bons ou des mauvais manitous. Derrière les guerriers, vient le jongleur, le prophète ou l'augure interprète des songes de l'enfant.

Les danseurs forment bientôt un double cercle, en mugissant sourdement, tandis que l'enfant, demeuré au centre de ce cercle, prononce, les yeux baissés, quelques mots inintelligibles. Quand l'enfant lève la tête, les guerriers sautent et mugissent plus fort : ils se vouent à Athaensie, manitou de la haine et de la vengeance. Une espèce de coryphée marque la mesure en frappant sur un tambourin. Quelquefois les danseurs attachent à leurs pieds de petites sonnettes achetées des Européens.

Si l'on est au moment de partir pour une expédition, un chef prend la place de l'enfant, harangue les guerriers, frappe à coups de massue l'image d'un homme ou celle du manitou de l'ennemi, dessinées grossièrement sur la terre. Les guerriers recommencent à danser, assaillent également l'image, imitent les attitudes de l'homme qui combat, brandissent leurs massues ou leurs haches, manient leurs mousquets ou leurs arcs, agitent leurs couteaux avec des convulsions et des hurlements.

Au retour de l'expédition, la danse de la guerre est encore plus affreuse : des têtes, des cœurs, des membres mutilés, des crânes avec leurs chevelures sanglantes sont suspendus à des piquets plantés en terre. On danse autour de ces trophées, et les prisonniers qui doivent être brûlés assistent au spectacle de ces horribles joies.

CHATEAUBRIAND, Voyage en Amérique.

LES TÊTES-PLATES

Les Têtes-Plates, ainsi nommés à cause de leur singulière coutume d'aplatir leur tête dès leur naissance, forment une des plus nombreuses tribus, sinon la plus nombreuse, qui soient à l'ouest des montagnes Rocheuses ; ils occupent tout le pays autour de la basse Columbia et l'île de Vancouver.

C'est un peuple maritime, car ils vivent dans un pays où il n'y a à peu près que du poisson pour se nourrir, et ils passent leur existence en canot.

La tribu est divisée en trente bandes environ.

Indiens Têtes-Plates.

Ce sont surtout les femmes qui ont, presque sans exception, la tête aplatie, et cette habitude incompréhensible est tout simplement une affaire de mode, d'ornementation.

J'ai fait le portrait d'un chef Tête-Plate et celui de sa femme;

il est drapé dans sa couverture, elle a son enfant dans un berceau sur son dos. Le petit malheureux est déjà soumis au supplice de l'aplatissement national et voici comment: le berceau, creusé dans un bloc de bois, a une sorte de levier élastique qui, placé à la hauteur de la tête de l'enfant, presse son front peu à peu et chaque jour est resserré par des cordes attachées de chaque côté du berceau; l'enfant ne peut remuer, car il est retenu par des bandes qui passent d'un côté à l'autre du berceau. A cet âge, les os de cette partie de la tête étant cartilagineux, prennent facilement la forme qu'on veut leur donner, et dans cette tribu, au bout de deux ou trois mois, la tête des enfants est aplatie pour toute leur vie. Si l'on venait au monde avec une semblable difformité, cela nuirait sans doute aux facultés intellectuelles, mais cette déformation artificielle change seulement la forme et la position des organes, sans intervenir dans leurs fonctions naturelles. Il est prouvé que ceux qui ont ainsi la tête aplatie, sont aussi intelligents que ceux de la tribu qui n'ont pas subi cette opération; il serait monstrueux, en effet, que les pères de famille assujettissent leurs enfants à une coutume qui pût les priver de leur intelligence!

CATLIN, Tour du Monde.

LES MOHAVES

Les Mohaves accouraient en foule autour de nous dans leur costume de fête, car ce n'est que dans les occasions solennelles qu'ils doivent être aussi prodigues de couleurs et tracer sur leurs membres nus des peintures aussi compliquées. Il serait trop long de décrire leurs différents costumes; quand on observait ces groupes de figures blanches, rouges, bleues et noires, tatouées de

Village de l'Ussagara chez les Wahara.

lignes, de cercles et d'images bizarres, marchant ou appuyés sur leurs grands arcs, on croyait voir une légion de démons qui allaient commencer une ronde infernale ; mais les rires éclataient de tous côtés et témoignaient au contraire de leur bonne humeur. J'étais occupé à dessiner les figures les plus frappantes ; ils me regardaient tranquillement et même prenaient plaisir à mon travail ; les femmes m'amenaient leurs petits enfants et suivaient attentivement mes doigts sur le papier, veillant à ce que les lignes de couleur qu'elles avaient sur le corps et les tatouages de leurs petits fussent reproduits avec exactitude.

Parmi les hommes, nous en remarquâmes plusieurs portant des perches légères de 3 mètres et quelques centimètres de longueur. Nous ne pouvions deviner leur usage, quand nous vîmes des hommes sortir des groupes deux à deux pour se livrer à un jeu dont le sens reste un mystère pour moi, bien que je l'aie observé avec beaucoup d'attention. Les deux joueurs, tenant leur bâton en l'air, se plaçaient l'un à côté de l'autre ; l'un d'eux portait en outre à la main un anneau fait de fibres d'écorce, d'environ 0^m,10 de diamètre. Abaissant ensuite leur bâton, ils se précipitèrent en avant, tout en courant ; celui qui tenait l'anneau le laissait échapper de sa main, le cercle roulait donc devant eux ; mais ils jetaient en même temps leur perche, de façon que l'une tombât à gauche et l'autre à droite de l'anneau qui était ainsi arrêté dans sa course. Sans modérer l'ardeur de leurs mouvements, ils ressaisissaient les perches et l'anneau, et couraient de la même façon dans l'espace de quarante pas de long qu'ils venaient de parcourir ; toujours le cercle roulait, les perches tombaient, et ainsi pendant des heures entières sans qu'on prît une minute de repos, sans qu'on échangeât une parole ; quelques spectateurs indiens s'étaient joints à eux ; mais ils paraissaient, comme les acteurs eux-mêmes, complètement absorbés par l'intérêt du jeu ; ils ne voulaient même pas que j'approchasse pour examiner de plus près et deviner peut-être le sens de cet exercice. Ils me firent entendre, par des signes, qu'il s'agissait d'affaires très importantes auxquelles ma présence pourrait nuire, et comme j'allais, malgré cela, passer outre, ils me menacèrent de me briser le crâne avec leur massue. Les bâtons doivent-ils traverser l'anneau ou tomber précisément à côté? C'est ce que je ne puis dire. Ce que je sais, c'est que, dans les clairières isolées ou sur les bords du fleuve, les Indiens se livrent à ce jeu avec une passion qui rappelle celle de nos joueurs d'échecs.

La nourriture principale de ces Indiens consiste en gâteaux grillés de maïs et de blé dont ils pulvérisent les grains entre deux pierres. Nos hôtes portaient de ces gâteaux avec eux et ils les dévoraient pendant toute la journée avec grand appétit; la vue seule nous en dégoûtait; mais, préparée par nos cuisiniers, leur farine faisait un bon pain, de même que leurs fèves et leurs courges, séchées et coupées en tranches, formaient un plat excellent. Dans l'après-midi, nous organisâmes un tir général au revolver; les Indiens y assistèrent avec leurs arcs. Si l'effet de nos armes, qui, à chaque coup, perçaient une forte planche, eut lieu de surprendre les sauvages, de notre côté, nous admirâmes leur adresse à toucher le but avec une flèche, ils nous surpassèrent même dans le tir au revolver. Nous saisîmes alors nos fusils pour leur montrer à quelle longue distance nous étions maîtres de la vie de nos ennemis; mais le revolver resta pour eux l'arme la plus étonnante, car ils s'imaginaient qu'avec ce pistolet on pouvait toujours tirer sans charger. Nous les laissâmes dans cette croyance, chose d'autant plus facile qu'ils ne connaissaient pas les armes à feu; ils savaient seulement que, dans une rencontre précédente, plusieurs des leurs avaient été tués par les blancs au moyen de projectiles lancés par ces instruments.

Molhausen, trad. par Guill. Depping, *Tour du Monde*.

La veillée des noces

ÉPREUVES SANGLANTES CHEZ LES SAUVAGES

Outre une foi assez vive en la persistance de la personnalité humaine au delà du tombeau, on a constaté dans les croyances religieuses de toutes les tribus indiennes, à l'est comme à l'ouest des montagnes Rocheuses, l'existence d'une doctrine, d'une tradition et de rites communs, se rattachant, à travers le temps et l'espace, aux premières conceptions de la métaphysique et aux souvenirs légendaires les plus antiques de la Haute-Asie. La doctrine est celle de la *dualité divine*, ou du bon et du mauvais principe.

Les rites sont ceux de l'expiation. Ils se rattachent à la catastrophe diluvienne, ils en dérivent, et leur but est tout à la fois d'en célébrer la commémoration et d'en conjurer le retour.

On soumet les guerriers à une longue abstinence et à de terribles tortures, qui, dit-on, fortifient leurs muscles et les préparent aux souffrances les plus dures. Les chefs, spectateurs de la scène, jugent des forces respectives des néophytes et de leur aptitude à supporter les privations et les supplices, si souvent le lot du guerrier indien. Ils savent désormais à quoi s'en tenir sur chacun d'eux, et, dans un suprême danger, peuvent remettre au plus digne le commandement de leurs bandes.

L'époque de la cérémonie étant enfin venue, un matin, dès l'aurore, le grand médecin ou sorcier de la tribu fit son apparition sur le sommet d'un wigwam et annonça qu'il voyait quelque chose de fort extraordinaire à l'horizon du couchant. Au lever du soleil, un grand homme blanc, venu du côté de l'ouest, allait entrer dans le village et ouvrir la loge de la médecine.

En quelques minutes, les toits des cabanes et tous les monticules furent couverts d'hommes, de femmes et d'enfants aux aguets. A l'instant précis où le premier rayon de soleil illuminait le village, un cri simultané s'éleva de la foule, et bientôt je fus assourdi de gémissements plaintifs et de clameurs prolongées.

Le calme rétabli au dehors, on songea à soumettre aux tortures les candidats couchés le long des murs de la loge, affaiblis et émaciés par le jeûne et la privation du sommeil de ces trois jours et demi.

Deux hommes étaient installés près du centre de l'enceinte : le premier, armé d'un grand couteau pointu, à deux tranchants émoussés de manière à produire le plus de souffrance possible, se tenait prêt à pratiquer les incisions prescrites dans la chair des néophytes ; le second s'était muni de chevilles de bois, épaisses d'un doigt, et pointues des deux bouts, qu'il devait introduire dans les blessures aussitôt que son compagnon en aurait retiré le couteau.

Les deux bourreaux, sorciers probablement, étaient peints en rouge, la tête et les pieds noirs. Un masque cachait le visage de celui qui tenait le couteau ; il devait rester toujours inconnu à ses victimes. Son corps et celui de son compagnon étaient couverts de cicatrices, soigneusement relevées par des couleurs brillantes, témoignant d'une manière irrécusable qu'eux aussi avaient passé par les mêmes épreuves.

Un des malheureux candidats se leva enfin et se traîna vers ces hommes. L'opérateur, lui saisissant successivement, entre le pouce et l'index, la peau et la chair de l'avant-bras, du coude, puis des jambes, au-dessus et au-dessous du genou, sur le mollet et sur le péroné, les perfora lentement avec son couteau et termina par la poitrine et les deux épaules.

Lorsqu'ils arrivaient au lieu du supplice, plusieurs de ces jeunes gens, me voyant prendre des notes, me faisaient signe de les examiner tout à mon aise, et s'asseyaient devant le tortionnaire, sans qu'un seul de leurs muscles parût trembler. Ils me regardaient en souriant, tandis que le couteau traversait leurs chairs avec un bruit sourd qui me donnait le frisson, et qu'un nuage humide voilait mes yeux à la vue du sang qui découlait sur leur corps.

La grande épreuve.

Les incisions pratiquées et les chevilles de bois lardées au travers, on descendit par le sommet du wigwam une corde de peau brute, dont on fixa solidement un des bouts aux échardes des épaules ou de la poitrine des patients. Chacun de ceux-ci tenait dans sa main gauche son sac de médecine ; ou suspendit son bouclier aux « taquets » du bras droit ; et à tous ceux des avant-bras et des jambes, on attacha un crâne de bison dont le poids devait empêcher le pauvre torturé de se débattre. A un signal donné, en frappant sur la corde, les hommes placés sur le toit le hissèrent alors à trois ou quatre pieds du sol, jusqu'à ce que les objets fixés aux chevilles pussent osciller librement ; puis un autre individu, le corps peint en rouge, les mains et les pieds noirs, commença à faire tourner le pendu sur lui même, au moyen d'une courte perche dont il était armé.

Le mouvement de rotation, assez lent d'abord, s'accéléra bientôt et ne s'arrêta plus avant le complet évanouissement de la victime. Les affreux supplices que venaient d'endurer les jeunes candidats, le couteau, l'insertion des échardes, la pendaison même, ne leur avaient pas arraché une plainte, un murmure ; mais, dès les premiers tours de la corde, ils commencèrent à crier vers le Grand Esprit, implorant la force de supporter sans mourir leurs terribles souffrances. Je ne saurais dépeindre le son lugubre de ces clameurs, qui me fendaient l'âme et qui s'éteignaient par degrés, à mesure que le patient perdait connaissance.

Quand, à bout de souffle, les malheureux suppliciés, sans mouvement, la tête retombée en avant ou en arrière, la langue projetée hors de la bouche, avaient absolument l'aspect de cadavres, et que les assistants prononçaient les mots : « Mort ! mort ! » les bourreaux qui faisaient tournoyer les patients frappaient sur la corde qu'on abaissait aussitôt. La durée de la suspension était de quinze à vingt minutes.

Après cette horrible épreuve, à laquelle ils se soumettaient au nombre de deux ou trois à la fois, un homme s'avançait et retirait des corps gisant à terre les chevilles auxquelles la corde était fixée et qui, passées sous une portion des muscles du dos ou de la poitrine, avaient supporté le poids du patient; toutes les autres restaient insérées dans la chair.

On eût dit les cadavres hideux de ces jeunes gens étendus sur le sol; il était interdit à l'assistance de leur donner du secours : ils jouissaient en ce moment du privilège inexprimable d'avoir remis leur vie à la garde du Grand Esprit; le Grand Esprit seul devait leur donner la force de se lever et de marcher.

G. Catlin, Excursions parmi les tribus indiennes de la Columbia et du haut Missouri, trad. par F. de Lanoye. (Tour du Monde.)

LES NAYAS

MASQUES ET DÉGUISEMENTS POUR LA DANSE DE LA MÉDECINE

Bizarre est un mot imparfait pour rendre les excentricités incroyables et les bouffonneries qui eurent lieu devant nous.

Imaginez-vous quinze ou vingt personnages, tous hommes faits, masqués ou habillés de la plus étrange manière; plusieurs spectateurs des deux sexes, placés au premier rang, étaient costumés d'une façon semblable.

Le conducteur de la danse, un grand docteur indigène, le plus excentrique de tous, représentait le *roi des Outardes*, un autre le *roi des Plongeons*, un troisième le *docteur des Lapins*; il y avait le *frère du Diable*, le *faiseur du Tonnerre*, la *blanche Corneille*, l'*Ours qui voyage la nuit*, l'*âme du Caribou*, ainsi de suite, jusqu'à ce que les noms des quadrupèdes et des tribus emplumées fussent entièrement épuisés.

Les masques des danseurs (je m'en procurai plusieurs) sont très ingénieusement faits : on les creuse adroitement dans un bloc solide de bois, de manière qu'ils puissent être adaptés à la

Danse de la médecine.

figure; ils sont retenus dans l'intérieur par une courroie transversale qui va d'un coin à l'autre de la bouche du masque, de sorte que, quand il est placé, la courroie du cuir est prise entre les dents, ce qui permet de contrefaire et de déguiser la voix; ils sont en outre couverts de dessins bizarres de couleurs variées.

A l'exception de celui du conducteur de la danse, ces masques portaient une rondelle de bois à la lèvre inférieure, pour rappeler la singulière coutume qui existe dans ce pays.

Ce n'est pas seulement chez les Nayas qu'ont lieu des divertissements de ce genre : j'ai été témoin de semblables divertissements dans plusieurs tribus du sud aussi bien que du nord de l'Amérique.

Ils fendent aussi en long et allongent les cartilages et les lobes de leurs oreilles, dans lesquelles ils mettent de grandes rondelles comme ornements.

Ce sont les femmes qui portent principalement des botoques à la lèvre; cependant quelques hommes ont adopté cette mode, qui est de plus en plus suivie par les deux sexes, au fur et à mesure qu'on remonte la côte dans la direction du nord. Il en est de même des masques, qu'on rencontre jusque chez les Aléoutes.

Toutes les femmes n'ont pas la lèvre percée, et celles qui l'ont ne portent leur botoque que dans certaines occasions, à des époques fixes, quand elles se mettent en grande parure. Elles la retirent pour manger et pour dormir, ou quand elles ont à parler beaucoup, car, avec ce bijou incommode, il y a des mots qui ne peuvent être prononcés.

On perfore la lèvre dès le plus jeune âge, et cette ouverture, presque imperceptible au début, quand la botoque est ôtée, se conserve et s'agrandit pendant toute la vie.

G. CATLIN, *Excursions parmi les tribus indiennes de la Columbia et du haut Missouri*, trad. par F. de Lanoye. (*Tour du Monde*.)

MEXIQUE ET AMÉRIQUE CENTRALE

L'INDIGÈNE DU MEXIQUE

L'Indien d'Amérique a quelque chose de craintif et de recueilli dans sa nature ; il se replie instinctivement sous le rude toucher d'une main étrangère, lors même que cette influence extérieure se présente sous la forme de la civilisation ; il semble s'affaisser et s'éteindre sous elle. — C'est ce qui est arrivé pour les Mexicains sous la domination espagnole : leur nombre s'est éclairci en silence ; leur énergie comme peuple a été brisée. Ils ne foulent plus leurs montagnes avec la fière indépendance de leurs ancêtres. Dans leur démarche languissante, dans leur physionomie douce et mélancolique, on lit les tristes caractères d'une race conquise. La cause de l'humanité y a gagné sans doute. Ils vivent sous un meilleur système de lois, ils jouissent d'une plus grande sécurité, d'une foi plus pure ; mais leur civilisation avait l'énergique caractère des solitudes du Nouveau-Monde.

Prescott, Histoire de la conquête du Mexique.

LE MEXICAIN

Le Mexicain est une figure complexe, difficile à peindre : hautain, fier, insolent dans la bonne fortune, il est plat et servile dans la mauvaise ; cependant il est de relations faciles. Sa politesse exagérée ressemble trop à la politesse obséquieuse des gens

Types mexicains.

faux; il est bon, cependant, et d'une obligeance rare; mais, homme d'instinct avant tout, il s'engage volontiers par des promesses métaphoriques que le vent emporte et dont il ne se souvient jamais.

Sans souci du lendemain, il dépense l'argent qui lui vient du jeu avec la même facilité que celui de son travail; il semble qu'à ses yeux l'un n'ait pas plus de valeur que l'autre, preuve évidente de démoralisation! Habitué, en matière de gouvernement, aux changements à vue, le fait accompli lui devient loi; témoin jaloux des fortunes scandaleuses de quelques traitants, faussaire éhonté des monnaies publiques, la politique le perd, la paresse le corrompt, le jeu le déprave.

Désiré Charnay, *Cités et ruines américaines*.

MÊME SUJET

Le Mexicain est de taille moyenne; sa physionomie porte l'empreinte de la douceur et de la timidité; il a le pied mignon, la main parfaite. Son œil est noir, le dessin en est dur, et cependant, sous les longs cils qui le voilent, et par l'habitude de l'affabilité, l'expression en est d'une douceur extrême; la bouche est un peu grande et le trait en est mal défini; mais, sous ces lèvres toujours prêtes à vous accueillir d'un sourire, les dents sont blanches et bien rangées. Le nez est presque toujours droit, quelquefois un peu aplati, rarement aquilin. Les cheveux sont noirs, souvent plats et couvrent trop amplement un front que l'on regrette de voir si déprimé. Ce n'est pas là un modèle académique, et pourtant, quand la suave expression féminine vous présente cette forme américaine que l'école traiterait peut-être d'incorrecte, vous imposez silence aux exigences du dessin, et vos sympathies approuvent le nouveau modèle.

Le Mexicain des hauteurs a l'aspect calme d'un homme maître de lui, il a la démarche aisée, les manières polies, l'œil attentif à vous plaire. Il pourra vous haïr, mais il ne saurait vous manquer d'égards en vous parlant.

Le Mexicain aime à jouir, mais il jouit sans calcul, il prépare sa ruine sans inquiétude et se soumet avec calme au malheur. Ce désir du bien-être et cette indifférence dans la souffrance sont deux nuances du caractère mexicain bien dignes de remarque ; ces hommes craignent la mort, mais ils se résignent facilement quand elle approche : mélange étrange de stoïcisme et de timidité.

Dans la basse classe, le mépris de la mort est de bon ton, et, comme les gladiateurs romains, ils aiment à poser en mourant. C'est pour cela qu'ils font échange de coups de poignard, comme nous donnerions des chiquenaudes. Et puis, à l'hôpital, ils vous disent avec calme, au milieu de leurs mortelles souffrances : « Bien touché ! » rendant hommage avant d'expirer à l'adresse de leurs adversaires.

Dr JOURDANET, *Les altitudes de l'Amérique tropicale, comparées au niveau des mers.*

DUEL AVEC UN CAÏMAN

« Avez-vous jamais mangé du caïman ? reprit mon hôte, don Juan.

— Ma foi non, répondis-je, et je m'en soucie peu ; cela doit être dur et coriace.

— Pas tant que vous le pensez, n'est-ce pas, Hyacinto ? » fit-il au domestique qui nous servait. Celui-ci répondit par un signe d'assentiment. « Il faut que vous sachiez, poursuivit don Juan, que les Indiens de ce village ne vivent guère que de la chair du caïman ; cette nourriture est saine, vous le verrez, car tous mes compatriotes sont robustes, et, sauf les accès de fièvre qui de temps à autre nous accompagnent jusqu'à la tombe, ils sont les mieux portants du monde. De plus, cela ne coûte rien, car, vous avez dû le remarquer, les caïmans grouillent dans nos rivières, et pêche qui veut. Mais venez, ajouta-t-il en se levant, je veux vous montrer quelques belles pièces de cet étrange gibier. »

Je le suivis : dans le premier *jacal* où je pénétrai à la suite de mon hôte, deux crocodiles vivants, les pattes amarrées, le ventre en l'air et la queue coupée, attendaient dans une triste résignation que leur dernier jour fût arrivé.

« On leur coupe la queue par précaution, comme vous voyez, me dit don Juan, car ils feraient des sottises et pourraient casser une jambe du premier coup. »

Je m'approche des deux monstres, dont l'un avec sa queue devait avoir mesuré quinze pieds au moins ; l'autre était un novice. Ils ouvrirent tous deux leur gueule formidable, mais impuissante, frissonnants d'une rage stérile. Les deux ovipares exhalaient une forte odeur tenant un peu du musc, mais infiniment désagréable.

« On les prend de deux manières, me dit don Juan : avec un fort crochet garni d'un appât, et il me montrait la trace du fer qui avait percé la mâchoire inférieure, ou bien à la main. — Oh ! oh ! pensais-je, don Juan me prend pour un autre ; et comme il me vit sourire :

— Vous paraissez douter, señor ?

— Non, repris-je, oh ! non, vous me l'assurez. Néanmoins, je serais enchanté de le voir, et voici même une piastre à l'adresse du héros qui me donnerait ce curieux spectacle.

— La piastre était inutile, reprit mon homme, cependant cela ne gâte rien. Et comme nous croisions dans le village, nous rapprochant de sa cabane :

— Holá ! hé ! Cyrilo.... Cyrilo !

Au troisième appel de don Juan, un grand gaillard, noir, maigre et nerveux comme un tigre, l'aborda, son chapeau à la main.

— Qu'y a-t-il pour votre service, don Juan ?

— Voilà monsieur qui voudrait bien te voir amener un *lagarto*, il a l'air de douter de tes moyens.

— Oh! ce n'est pas une affaire, reprit tranquillement l'Indien, et pour vous faire plaisir, don Juan... »

— C'est une piastre pour toi, mon garçon; ainsi donc, tâche de te distinguer.

Cyrilo demanda cinq minutes pour se préparer, et nous promit de nous rejoindre au bord d'un *bajou*, petite rivière étroite et lente, dans le bois, de l'autre côté du village; pour nous, nous devions prendre une pirogue et nous faire conduire jusque-là.

Quand nous arrivâmes, notre homme était sur la berge, nous attendant; il était nu et tenait à la main un fort poignard, dont la lame, longue de huit pouces, ressemblait à un énorme clou carré à la base. Il avait déjà jeté sur les alentours un coup d'œil de connaisseur. A vingt pas, il nous fit signe d'arrêter, et, nous précédant avec précaution, il nous indiquait un point de la rive encombré de touffes de hautes herbes; il n'en était plus qu'à dix pas environ, quand deux caïmans à courte queue plongèrent dans le fleuve comme deux mastodontes.

En moins de temps qu'il ne faut pour l'écrire, Cyrilo se précipita le poignard entre les dents, plongea et ne reparut pas. Nous nous dirigeâmes à toute vitesse vers le lieu du combat: la situation me semblait palpitante, je fouillais la rivière de l'œil, un remous indiquait seul la place où l'Indien avait disparu; quelques secondes longues comme un siècle passèrent, l'eau s'agita de nouveau comme refoulée par la puissance d'une hélice, et la queue du monstre frappa la surface d'un coup terrible; puis le corps parut dans une rapide évolution; Cyrilo, souillé de fange, adhérait au ventre du caïman. Ils disparurent encore, laissant une longue traînée de sang.

« Bravo, Cyrilo! » fit don Juan. Pour moi, je ne respirais plus; le sang glacé par la terreur, témoin muet de cette effroyable lutte, je regrettais de l'avoir provoquée.

Cependant, la rivière s'agitait sous les efforts des deux lutteurs, et l'eau remontait à la surface en tourbillons limoneux;

quelques secondes passèrent encore et Cyrilo reparut, mais seul, couvert de fange, à demi suffoqué.

Un cri de joie s'échappa de ma gorge comme un cri de délivrance ; Cyrilo nageait à nous et je lui tendis la main pour l'aider, mais il sauta lui-même dans la barque, où il fut un instant sans parler.

« Ce coquin m'a coupé le doigt, » fit-il en nous montrant la phalange de son index mutilé.

Au moment où Cyrilo avait enlacé le monstre corps à corps, son doigt s'était trouvé engagé dans la gueule de l'animal.

« *Pero me lo pago* » (mais il me l'a payé), ajouta-t-il, et nous l'allons bien voir tout à l'heure. Au reste, s'il ne remonte pas, comme il est probable qu'il s'est enfoncé dans la vase, je vais aller le chercher. »

Don Juan me fit signe de l'œil, je m'inclinai ; cet Indien me parut grand comme César.

Pour lui, il se débarrassait de la fange dont il était couvert et se préparait véritablement à replonger ; je l'arrêtai, et « tenez, le voilà ! » fit don Juan en désignant une surface blanchâtre flottant de l'autre côté du *bajou*. C'était bien le caïman, le ventre en l'air et la poitrine ouverte de quatre coups de poignard.

Désiré Charnay, *Cités et ruines américaines*.

COLOMBIE ET VÉNÉZUÉLA

LES GOAJIRES

Les Goajires sont admirablement beaux, et je ne crois pas que, dans toute l'Amérique, on puisse trouver des aborigènes ayant le regard plus fier, la démarche plus imposante et les formes plus sculpturales. Les hommes, toujours drapés à la manière des empereurs romains dans leur manteau multicolore attaché par une ceinture bariolée, ont en général la figure ronde comme le soleil, dont leurs frères, les Muyscas, se disaient les descendants; ils regardent presque toujours en face d'un air de défi sauvage, et leur lèvre inférieure est relevée par un sourire sardonique. Ils sont forts et gracieux, très habiles à tous les exercices du corps. Leur teint, dans la jeunesse, est d'un rouge brique beaucoup plus clair que celui des Indiens de San-Blas et des côtes de l'Amérique centrale; mais il noircit avec l'âge, et, dans la vieillesse, il ressemble à peu près à la belle couleur de l'acajou. Autour de leurs cheveux noirs tombant en larges boucles sur leurs épaules, ils enroulent gracieusement une liane de convolvulus, ou bien attachent des plumes d'aigle ou de toucan, retenues par un simple diadème en fibres de bois tressées; leurs figures sont rarement tatouées, parfois quelques lignes arrondies sont gravées sur leurs bras et leurs jambes.

Les femmes, moins ornées que leurs maris et vêtues de manteaux aux couleurs moins riches, ont, sans exception et jusque dans la vieillesse la plus avancée, des formes d'une admirable fermeté et d'une grande perfection de contours; leur démarche est vraiment celle de la déesse, ou plutôt celle de la femme qui vit dans la libre nature et dont la beauté, caressée par le soleil, se développe sans entraves. Leurs traits, qui ressemblent à ceux des belles Irlandaises, sont malheureusement défigurés par des bariolages tracés sur les joues et le nez au moyen du roucou et simulant assez bien les besicles de nos bisaïeules ; mais, en dépit de ces grandes taches rouges, les sauvages filles du désert n'en frappent pas moins par leur fière et rayonnante beauté, surtout lorsqu'on les voit bondir à travers la plaine au galop de leurs chevaux rapides, l'œil enflammé, la chevelure au vent, le bras levé en signe de triomphe.

ÉLISÉE RECLUS, *Voyage à la Sierra-Nevada*.

UN COMBAT DE COQS EN COLOMBIE

J'ai assisté à l'une de ces atroces boucheries de pauvres gallinacés, à Ibagué. La scène se passait dans la cour de l'auberge. De six lieues à la ronde étaient accourus les combattants, c'est-à-dire les propriétaires des coqs. Chacun apportait le sien sous son bras, *entraîné* depuis longtemps, bien nourri, échauffé par l'orge et la privation d'eau. Les paris s'ouvraient et le marché s'animait avant la *corrida*. On eût dit le prélude d'une course de taureaux à Madrid ou à Séville.

Gallos finos! criaient quelques marchands. *Gallos litos!* (Beaux coqs ! coqs préparés !)

Les meilleurs, au dire des connaisseurs, étaient de jolies bêtes de la race andalouse ; tête fine, aiguë, bec acéré, crête courte, éperons vigoureux, corps haut monté sur pattes. Généralement leur plumage était noir et rouge, parfois mêlé de jaune et de vert foncé ; quelques-uns étaient d'un gris uniforme.

L'alimentation de ces volatiles est particulière. Ils reçoivent deux repas de grain par jour. Dès l'état de poulet, on les excite au combat. Ceux de trois ans sont dans la force de l'âge; on les dit *jubilados* quand ils sont parfaits. En vieillissant, ils deviennent *pacionados*, et sont bientôt hors d'usage. Plusieurs jours avant le combat, on les attache à un piquet au moyen d'une ficelle munie d'un anneau de corde (*trava*) qui l'empêche de s'emmêler. Les ergots (*espuelas*) sont protégés par une gaîne de cuir (*botaina*) doublée de laine, où ils deviennent d'une acuité extraordinaire.

La bataille allait s'engager. Sous un toit de chaume en champignon, reposant sur des montants à jour, un cirque d'environ 10 mètres de diamètre avait été entouré d'un petit mur de brique haut de 70 centimètres. Des estrades en gradins l'encadraient entièrement. Spectateurs et parieurs y montèrent, et les propriétaires des coqs (*corcadores*) se placèrent autour de l'arène.

Deux d'entre eux s'avancèrent, leur coq sous le bras, devant le juge du camp (*juez*). Le mesurage comparatif de la taille et des ergots fut fait, et les deux adversaires furent déclarés combattre « à égalité » (*igualdad*). Je regardai les deux champions. C'étaient deux beaux animaux, l'un rouge, l'autre noir, l'œil vif, crête pourpre, plumes soyeuses qu'on avait brutalement coupées autour du cou et de la tête. Il fallait bien que les bourreaux pussent compter les blessures et voir le sang jaillir!

On les jeta dans l'*arena*, face à face. Ils restèrent une seconde immobiles, tendirent le cou et se précipitèrent l'un contre l'autre avec fureur. Les ergots se rencontrèrent, et chacun retomba en place : ils avaient sauté trop haut. A la reprise, le coq noir atteignit son adversaire à la tête... Ses éperons, comme deux flèches d'acier, la traversèrent de part en part : un flot de sang jaillit... le coq rouge était mort!

Un tonnerre d'applaudissements salua cette victoire. *Bravo gallo! gallo fino!* hurlait la foule. « A cinquante piastres le favori! à soixante! à cent!... » Les paris devinrent frénétiques.

La course reprit. Celle-ci fut émouvante et prolongée : les deux ennemis étaient d'égale valeur. Le coq noir frappait dur, mais il avait affaire à forte partie. En quelques minutes ils s'étaient lardés de coups d'éperon. Des filets de sang ruisselaient de tout

Combat de coqs.

leur corps; leurs crêtes pendaient en lambeaux violets... Parfois ils s'arrêtaient pour reprendre haleine, secouaient les caillots qui les aveuglaient et revenaient à la charge. On entendait le bruit sec des ergots qui s'entre-choquaient et le plus souvent disparaissaient dans les blessures. C'était hideux !...

Tout à coup un cri de joie sauvage sortit des poitrines de l'assistance... L'un des coqs venait d'arracher l'œil de l'autre. Le maître se précipita, saisit sa bête, lui lava la tête avec une petite éponge, pressa un citron dans l'orbite vidée, et, chose horrible à dire! rejeta son champion dans l'arène.

Alors il se passa un fait étrange. Loin de fuir, le coq borgne (c'était le noir) n'en frappa que plus fort, s'acharna sur l'ennemi, le larda de mille coups, et le força à la retraite. Celui-ci avait perdu : il était *corrido*. Mais ce dernier effort avait épuisé le coq noir : il essaya de lever la tête pour chanter victoire, battit de l'aile et vint mourir près du vaincu, après avoir gagné deux cents piastres à son maître.

C'était une course superbe! Suivant l'usage, « le coq mort gagne le prix, si le vivant a fui. »

La journée s'annonçait bien. D'autres *corridas* furent engagées. J'en suivis les péripéties avec un intérêt mêlé d'horreur, les dents serrées de colère contre ces créatures humaines cent fois plus féroces que les coqs et qui se délectaient à ce sang répandu.

La curiosité me retenait devant ce dégoûtant spectacle. Après le combat, je vis les *corredores* prendre leurs coqs, inonder de jus de citron leur corps saignant et lacéré, et les amarrer sous le *corredor*. Les malheureuses bêtes tenaient à peine debout, la tête pendante, tremblants, secoués par des soubresauts convulsifs. On m'assura qu'un grand nombre revenaient à la vie, et au bout de quelques semaines recommençaient ce sanguinaire exercice.

Je quittai la place, le cœur gonflé de haine contre cette misérable populace, et j'ai gardé depuis, je l'avoue, la plus triste opinion des habitants d'Ibagué.

Ed. ANDRÉ, *Tour du Monde*.

LES GUARAUNOS

Le voyageur qui entre dans la Guyane par les bouches de l'Orénoque, contemple avec étonnement les forêts majestueuses qui ombragent une grande partie du delta de ce fleuve. A la marée haute, la plupart des îles de ce delta sont couvertes par les eaux, et alors se présentent à l'œil surpris de l'explorateur, de grands bois qui s'élèvent du sein des ondes; la barque circule sous le feuillage épais, elle évite par de nombreux circuits les lianes innombrables qui s'entrelacent aux arbres; autour de l'embarcation, se jouent, dans les flots, les lamantins, les caïmans, tandis qu'au-dessus, dans les voûtes du feuillage, on voit s'agiter des aras aux couleurs brillantes et variées, des cotingas bleus, des tangaras violets, des cardinaux au plumage de feu; les singes se suspendent par leur longue queue aux branches flexibles, et s'élancent, avec l'agilité de l'écureuil, de rameau en rameau et d'un arbre à un autre.

De temps en temps, des hamacs apparaissent au milieu des branchages et se balancent mollement au-dessus des eaux : ce sont ceux des Guaraunos, le peuple principal du bas Orénoque. Ces Indiens habitent ordinairement les îles les plus élevées du delta, et y vivent de poisson, de bananes et de manioc. Mais, dans les pérégrinations où les entraîne la pêche, ils sont souvent conduits jusque sur les basses îles, et c'est là que le flux les oblige à monter dans leurs demeures aériennes; les hommes surtout s'y établissent nonchalamment, et y dorment de longues heures, tandis que, dans les barques amarrées au pied des arbres, les femmes préparent le repas de leurs paresseux époux.

La superstition de ces pauvres enfants de la nature est extrême : ils adorent la lune; ils voient dans le tonnerre un dieu redoutable. Ils ensevelissent leurs morts dans un hamac ou dans une enveloppe formée de feuilles de bananier, et les suspendent dans la forêt.

E. Cortambert, Peuplades géophages et autres populations des bords de l'Orénoque.

LES GÉOPHAGES

On trouve, dans les parages du haut Orénoque, du Cassiquiare, de la Méta et du Rio Negro, des peuplades qui sont *géophages*, c'est-à-dire qui ont la singulière habitude de manger de la terre. Cette terre comestible est une argile mêlée d'oxyde de fer, d'un jaune rougeâtre : on la pétrit en boulettes ou en galettes, que l'on met sécher, puis qu'on fait cuire quand on veut les manger ; c'est un lest pour l'estomac, plutôt qu'une nourriture, et l'on ne s'en sert communément que dans les temps de disette ; bien qu'elle ne contienne pas d'aliments nutritifs, cette argile a une action telle sur le principal organe de la digestion, que l'on voit des Indiens vivre des mois entiers sans autre ressource ; ils la font frire quelquefois dans l'huile de *séjé*, et alors cette sorte de friture offre quelques parties réellement substantielles.

Cet aliment n'affecte pas généralement d'une manière fâcheuse la santé de ceux qui y sont accoutumés.

Les Indiens qui, manquant de sobriété, ont la passion de la terre, ou ceux dont l'estomac n'a pas acquis la tolérance, maigrissent sensiblement, et leur couleur rougeâtre se change en un teint pâle, en un jaune terreux ; leur ventre est tympanisé, et leurs extrémités sont en général œdémateuses. Le goût pour la glaise devient chez plusieurs tellement prononcé, qu'on les voit détacher, des habitations faites en argile ferrugineuse, des morceaux qu'ils portent avidement à leur bouche ; ils sont connaisseurs et gourmets en terre : toutes les espèces n'ont pas le même agrément pour leur palais; ils la goûtent et la distinguent en qualités très diverses. La géophagie est un vice qui se gagne facilement : on voit souvent des enfants et même des adultes se livrer avec fureur à ce goût dépravé. Quelques blancs, dans le Vénézuéla, ont imité les sauvages, et ne dédaignent pas les galettes de terre grasse.

La cause première de la géophagie, c'est le manque d'autres aliments; il est certain que les peuplades du haut Orénoque n'ont pas une grande abondance de produits nutritifs. Ils cultivent quelques ignames, des patates douces, des bananes; ils mangent des singes, des lézards, le ver du chou-palmiste, et surtout des fourmis. Des voyageurs assurent qu'un pâté de fourmis accommodées avec des huiles végétales ou de la graisse compose un excellent mets.

E. Cortambert, Peuplades géophages et autres populations des bords de l'Orénoque.

PÉROU, BOLIVIE ET CHILI

LES CONIBOS

La taille du Conibo varie de 1m,50 à 1m,60 ; ses formes sont lourdes, son encolure est épaisse, son thorax fortement prononcé, son visage est rond, ses pommettes saillantes ; ses yeux, à sclérotique jaune, à pupille couleur de tabac, sont petits, obliques et assez écartés ; le nez court et épaté s'élargit à sa base ; les lèvres épaisses laissent, en s'entr'ouvrant, apercevoir des dents jaunes, mais bien rangées et des gencives teintes en noir avec l'herbe yanamucu (*Peperomia tinctorioides*).

L'expression habituelle du masque de ces indigènes est ce mélange d'égarement et de tristesse qui caractérise la physionomie de la plupart des *sauvages* péruviens ; mais la rondeur presque sphérique du facies lui donne un cachet de bonhomie et de naïveté qui corrige un peu l'impression désagréable qu'on pourrait éprouver à leur aspect.

Quant à la nuance de leur teint, elle est fort obscure.

L'épiderme de ces naturels, incessamment exposé aux piqûres des moustiques, est rugueux au toucher comme une peau chagrinée, et les huiles dont ils s'oignent pour se préserver des attaques de ces insectes, n'ont jamais existé que dans l'imagination des voyageurs qui les ont visités. La chevelure du Conibo est noire, rude et abondante ; sa lèvre supérieure et son menton offrent à peine quelques poils clair-semés, et c'est en vain que nous avons cherché parmi ces indigènes quelqu'une de ces barbes touffues dont le P. Girbal les avait complaisamment dotés.

Les femmes Conibos sont petites, replètes, assez disgracieuses.

L'habitude de se peindre le visage, quoique commune aux

deux sexes de la tribu Conibo, est néanmoins plus répandue chez l'homme que chez la femme. Le rouge et le noir sont les couleurs consacrées par l'usage; le premier est tiré du *Bixa orellana* ou rocou, le second est extrait du *genipa* ou huitoch. Le rouge n'est affecté qu'au visage seul. Le noir s'applique indistinctement à toutes les parties du corps.

Nous avons vu de ces indigènes avec des cothurnes peints qui s'arrêtaient à la cheville, ou des bottes à l'écuyère qui leur montaient jusqu'au genou. Certains avaient des justaucorps ouverts sur la poitrine et festonnés autour des hanches; les plus modestes se contentaient de peindre sur leurs mains des gants ou des mitaines à filet.

La plupart de ces peintures, à demi cachées par la tunique de l'indigène, n'étaient visibles qu'au moment des ablutions.

Chez ces naturels, la coquetterie paraît être l'apanage exclusif des mâles. Ils apportent à leur parure les soins les plus minutieux, passent de longues heures à s'épiler et à se peindre, sourient à leur fragment de miroir, quand il leur arrive d'en posséder un, et se montrent généralement satisfaits de leurs agréments personnels.

Avec les dessins vulgaires dont ils font un usage habituel, ils ont, pour les solennités et les jours de gala, des arabesques d'une ornementation très compliquée, qu'ils appliquent sur leur visage et sur leur corps, par un procédé d'estampage semblable à celui qu'employaient les Étrusques pour décorer leurs vases des élégantes silhouettes qu'on y admire. A ces dessins choisis, les Conibos ajoutent quelques bijoux de perles blanches et noires (*chaquiras*) qu'ils se procurent dans les missions de Sarayacu et de Tierra-Blanca. Ces bijoux, qu'ils façonnent eux-mêmes, consistent en pendants d'oreilles et en un collier-cravate qui emboîte le cou et descend sur la poitrine à l'instar d'un rabat presbytérien. Les femmes portent des colliers de ces mêmes perles, et y suspendent une pièce d'argent, une médaille en cuivre, ou, à défaut de métal, quelque phalange de singe hurleur.

Les deux sexes portent encore aux poignets et aux jambes des

Indien Conibo.

bracelets de coton tissés sur le membre même et bordés de petits crins noirs, de dents de singe ou du poisson *huamoui* (*Maius osteoglossum*), aux larges écailles de carmin et d'azur.

PAUL MARCOY, *Voyage au Pérou*.

CHASSE AU CONDOR

Le curé avait donné l'ordre aux gens du pueblo de tout préparer pour une chasse au condor dans la Cordillère neigeuse.

Quand ce fut prêt, nous partîmes à dos de mule, et, sous la conduite de quatre Indiens, nous nous rendîmes à l'endroit indiqué. C'était une façon d'étroite gorge formée par le rapprochement de deux coulées basaltiques, entre lesquelles apparaissait une des apophyses de la chaîne que la neige recouvrait de la base au faîte. A l'endroit le plus resserré de cette gorge, qu'on avait rétréci encore en y roulant des pierres, quelques pieux placés en travers figuraient une claie sur laquelle un mouton éventré à dessein était attaché. L'espace existant entre le sol et la claie offrait une cavité pleine d'ombre dans laquelle deux hommes étaient blottis : c'étaient les chasseurs. Pour que nous pussions assister, sans être aperçus des condors, à tous les détails de la chasse, les Indiens avaient construit avec des perches et des ponchos, sur lesquels ils avaient éparpillé de la neige, une manière d'ajoupa où nous pûmes trouver place, ainsi que nos mules, dont la bouche fut comprimée avec une courroie, dans la crainte qu'il ne leur prît fantaisie de hennir. Un silence profond avait été recommandé. Une demi-heure environ s'écoula en observations mutuelles; puis un battement d'ailes puissantes se fit entendre, et nous vîmes une masse noire flotter dans l'air à une trentaine de mètres d'élévation. C'était un buitre de la plus grande espèce, dite *cuntur real*. Après avoir plané quelques minutes au-dessus du mouton, il s'abattit sur lui et essaya de l'emporter dans ses robustes serres. Mais la bête était solidement attachée, et après quelques efforts infructueux, l'oiseau se vit contraint de la manger sur place.

Pendant qu'il était en train de se repaître de cette chair, dont il avalait goulûment des lambeaux, les chasseurs passaient adroitement leur main à travers les interstices de la claie et entouraient d'un nœud coulant les jambes de l'oiseau. Soit que l'opération eût été faite avec assez d'adresse pour que le condor ne se fût aperçu de rien, ou que chez lui la gloutonnerie fût plus forte que la frayeur, il continua son repas d'un air de sécurité parfaite.

Bientôt d'autres oiseaux de son espèce, attirés par le spectacle de la curée, vinrent se poser à côté de lui pour lui disputer les restes du mouton. Les coups d'ailes, les cris rauques et les trépignements de ces condors ne cessèrent que lorsque trois d'entre eux eurent été attachés par les jambes. Les chasseurs sortirent alors de leur cachette. A leur vue, les condors restés libres s'envolèrent pleins d'épouvante. Quant aux captifs, furieux de ne pouvoir suivre leurs compagnons, ils tournèrent leur colère contre les Indiens, les menaçant de l'aile et du bec à la fois. Mais quelques coups de bâton les couchèrent sur le carreau. Les ailes du plus grand d'entre eux, que nous mesurâmes, avaient seize pieds d'envergure. Quatre des plus grandes rémiges de ce patriarche emplumé me furent offertes par les chasseurs, honneur que je reconnus par le don de quatre réaux, soit un réal par plume.

Paul Marcoy, *Tour du Monde*.

Chasse au condor

INDIENS TICUNAS

Parmi les coutumes des Ticunas, il en est une assez bizarre : c'est la façon d'accueillir les individus d'une autre nation que la leur. A peine un de ces visiteurs paraît-il au seuil de leur hutte, que tous les Ticunas qui s'y trouvent prennent leurs lances, en présentent la pointe à l'individu et feignent de s'opposer à son entrée. Celui-ci, qui sait que ces démonstrations hostiles sont pure affaire d'étiquette, écarte de la main les armes dirigées contre lui, entre dans la hutte et s'assied sans façon dans le premier hamac venu. La plupart des huttes des Ticunas sont pourvues, comme les salons brésiliens de la province du Para, de trois ou quatre hamacs se faisant vis-à-vis. Lorsque chaque hamac est mis en branle par l'individu qui l'occupe, et cela pour éloigner les moustiques ou se donner un peu de fraîcheur, et que ces hamacs, comme autant d'escarpolettes, passent, repassent, vont et viennent sans se heurter, on croirait voir les bobines d'un métier de passementerie exécuter, sans jamais s'atteindre, leur interminable chassé-croisé.

Le maître de la hutte s'adresse alors à l'étranger, et, de cette voix de ventriloque propre au Ticuna, il lui dit : « Qui es-tu ? — d'où viens-tu ? — es-tu ami ou ennemi ? — quelle affaire t'amène ici ? » — L'étranger satisfait tour à tour à ces questions, mais le plus souvent, sa visite n'ayant qu'un but commercial, il se contente d'y répondre en exhibant les objets qu'il apporte et qu'il désire échanger contre des produits de l'industrie des Ticunas. Alors on met bas les armes pour discuter de la valeur des objets offerts et de celle des articles demandés ; il va sans dire que la discussion est entremêlée de nombreuses coupes de caysuma. Les articles de l'industrie ticuna consistent en farine de manioc, en sarbacanes, hamacs, poison de chasse et toiles de coton grossières.

Au temps où les Ticunas formaient une nation commandée par des chefs, au lieu d'être, comme aujourd'hui, de simples familles éparses ne relevant que d'elles-mêmes, ils adoraient sous le nom de *Tupana* un Dieu créateur ; reconnaissaient, tout en l'abominant, un esprit du mal appelé *Mhohoh*, et croyaient que l'âme, après la mort de l'individu, passait, selon les œuvres de celui-ci, dans le corps d'un être intelligent ou dans celui d'un animal immonde. Dans leurs idées, le ciel était divisé en deux sphères, l'une supérieure, l'autre inférieure, séparées par une voûte transparente : dans la première, était retranché Tupana, l'esprit créateur ; les étoiles, que nous voyons d'en bas, étaient les rayons lumineux émanés de sa face, lesquels s'affaiblissaient en traversant la voûte intermédiaire et la sphère inférieure. Leurs astronomes admettaient la révolution de la Terre autour du Soleil, et voyaient dans cet astre le frère et l'époux de la Lune. D'après eux, les rivières étaient les artères du globe terraqué, les ruisseaux ses veines, et leurs courants respectifs étaient dus à la gravitation ou au mouvement simple de la planète autour de l'astre pivotal.

De leurs systèmes théogonique et cosmogonique, les Ticunas n'ont gardé qu'une indifférence profonde pour Tupana et une peur effroyable de Mhohoh, qui, du rang d'esprit du mal qu'il occupa longtemps chez eux, est descendu aujourd'hui à la condition vulgaire de mauvais œil. La ferveur et l'intelligence de ces indigènes nous ont paru tournées vers le libre échange, les articles de quincaillerie, de bimbeloterie et les mouchoirs de cotonnade aux couleurs voyantes.

PAUL MARCOY, *Voyage au Pérou*.

LA CHICHA (BOISSON NATIONALE EN BOLIVIE)

La *chicha*! A ce nom seul, les regards les plus assombris s'éclaircissent et un sourire de béatitude s'épanouit sur les traits de tout Bolivien digne de ce nom. Qu'est-ce donc que ce breuvage, et quelle en est la préparation? C'est ce que je vais essayer de dire.

Nos lecteurs savent peut-être que la *chicha* est faite avec des grains de maïs broyés, humectés et fermentés : voilà le triple état par lequel on en fait passer l'élément primitif. Jusqu'ici, rien que de très naturel, mais ce qui donne à cette boisson son caractère essentiellement national, c'est la façon dont s'opèrent la trituration et l'humectation. Les meules employées à cette besogne se trouvent partout où il y a des humains; ce sont tout simplement les organes de mastication des femmes indiennes.

Entrez un jour, à l'approche d'une fête, dans une de ces huttes dont la porte est constamment ouverte, vous verrez trois ou quatre Indiennes, qui ne sont pas toujours jeunes et jolies, accroupies à leur façon autour d'une grande auge creusée dans un tronc d'arbre, et occupées à mâcher consciencieusement les susdits grains de maïs; elles les prennent dans des calebasses placées auprès d'elles, et, une fois triturées, les crachent dans l'auge.

Cette masse pulpeuse est ensuite délayée avec de l'eau, puis on la met dans de grands pots de terre, et on la laisse fermenter. Grâce à la salive que contient la pâte, la fermentation ne tarde pas à se produire. Jusqu'à quel point doit-elle être poussée pour que le breuvage acquière toute sa valeur auprès des gourmets boliviens, quand et comment se fait la filtration qui doit éliminer les grains du liquide, c'est ce que je ne saurais dire. Convaincu, pour mon compte, que la *chicha*, malgré son excellence tant prisée là-bas, n'a aucune chance de trouver faveur en Europe, je me suis peu préoccupé de pénétrer tous les secrets de cette fabrication.

Pour nous, le fait curieux à constater, c'est que ce ne sont pas seulement les habitants à demi sauvages des pueblos du Mamoré qui ont cette passion de la *chicha*, on la trouve dans les villes populeuses, commerçantes et industrieuses, telles que Cochabamba. Et pourtant ce ne sont pas les boissons rafraîchissantes et spiritueuses qui manquent dans le pays; il y en a de toutes sortes, depuis les limonades et *refrescos* jusqu'aux eaux de feu. La bière seule, si l'on pouvait en faire pénétrer la fabrication jusqu'au pied des Andes, aurait chance de supplanter la *chicha*, mais il faudrait un brassage léger, agréable à boire, et non pas cette bière anglaise démesurément forte qu'on a commencé d'exporter dans ces parages, et qui s'y consomme déjà en petite quantité.

Quant au goût de la *chicha*, je suis en mesure de dire ce qu'il est : j'ai voulu, dans ma soif de savoir, déguster ce breuvage jaunâtre, trouble et quelque peu mousseux; il m'a semblé que je buvais un cidre léger faiblement mélangé d'amidon, et, au demeurant, pour peu qu'on oublie en l'absorbant la façon topique dont il se prépare, c'est un breuvage qui vaut assurément mieux que de l'eau de rivière échauffée ou celle des *corridges* (bourbiers) infectés par toutes sortes de matières en putréfaction. Il semblerait néanmoins naturel qu'on pensât à broyer les grains de maïs dans un mortier ou entre deux cylindres. Eh bien! soyez assez naïf pour faire une proposition de ce genre à quelque Bolivien pur : vous verrez un sourire d'indicible dédain se dessiner sur sa figure, et il vous répondra que l'expérience a été faite depuis longtemps, et qu'elle a prouvé surabondamment que la *chicha* préparée par ce procédé « artificiel » n'est qu'un breuvage tout à fait insipide.

FRANZ KELLER LEUZINGER, *Tour du Monde*.

CÉRÉMONIE FUNÈBRE AU CHILI — L'ANGELITO

La mort d'un petit enfant est célébrée par les parents comme une fête de joie. Ils appellent l'enfant décédé un angelito (petit ange) et le parent de toutes les manières. On ne lui ferme pas les yeux, mais on les lui ouvre, au contraire, le plus possible ; on lui teint les joues en rouge, on le revêt de ses plus beaux habits, en le couvrant de fleurs, et on le place sur un petit siège, dans une espèce de niche également ornée de fleurs. Les autres parents et voisins viennent ensuite féliciter les parents d'avoir un tel petit ange. La première nuit, les parents et les amis exécutent des danses désordonnées devant l'angelito, et l'on se livre aux festins les plus joyeux.

Ida Pfeiffer, Voyage d'une femme autour du monde.

CONFÉDÉRATION ARGENTINE, BRÉSIL ET PATAGONIE

INDIENS DU GRAND-CHACO — LES LENGUAS

Les Lenguas ont des *payes* ou médecins qui n'administrent aux malades que de l'eau et des fruits et pratiquent des succions avec la bouche sur les plaies et les endroits douloureux. Ils entremêlent cette opération de jongleries et de chants accompagnés avec des calebasses (*porongos*) qu'ils secouent aux oreilles du malade. Ces *porongos* remplies de petites pierres, font un bruit assourdissant. Les *payes* sont en même temps sorciers, prédisent les événements, et lisent dans l'avenir.

Quelques femmes se tatouent d'une manière indélébile.

Le tatouage des femmes consiste en quatre raies bleues, étroites et parallèles, qui tombent du haut du front sur le nez, qu'elles suivent jusqu'à l'extrémité, sans continuer sur la lèvre supérieure, et en anneaux irréguliers dessinés sur les côtés du front jusqu'aux tempes exclusivement, sur les joues et le menton.

Les deux sexes se percent les oreilles dès l'âge le plus tendre, et y passent un morceau de bois dont ils augmentent sans cesse le diamètre, de telle sorte que, vers l'âge de quarante ans, ce trou offre d'énormes dimensions. J'en ai mesuré plusieurs et j'ai trouvé pour moyenne, dans le sens longitudinal, six centimètres. Le diamètre antéro-postérieur était un peu moins considérable. Ces deux morceaux de bois, pleins, sont irrégulièrement arrondis, et m'ont présenté, dans leur plus grand diamètre, jusqu'à quatre centimètres et demi. Souvent aussi les Lenguas les remplacent par un long morceau d'écorce d'arbre roulé en spirale comme un ressort de pendule. Quelle que soit sa nature, ce morceau de bois se nomme *ilaské*.

Indiens Longues.

CONFÉDÉRATION ARGENTINE, BRÉSIL ET PATAGONIE 237

Les Lenguas se peignent les cheveux, qu'ils coupent sur le haut du front, et font une mèche, qui, du milieu de la tête, va rejoindre, en passant au-dessus de l'oreille gauche, la masse réunie et attachée derrière la tête avec un ruban ou une corde de laine.

Ils ont pour armes un arc et des flèches, qu'ils ajustent derrière

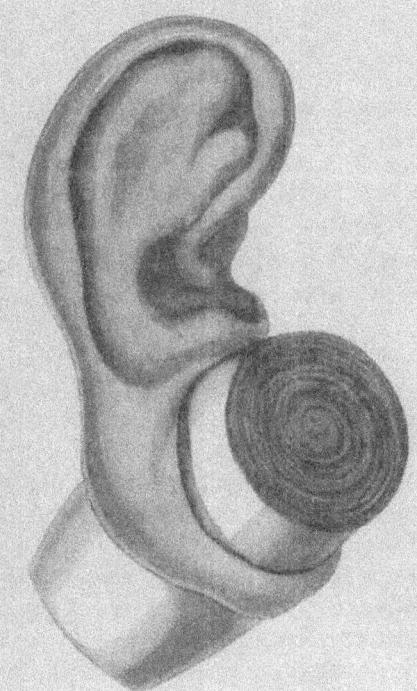

Oreille de Lengua.

leur dos serrées dans un cuir. Ils ont aussi une hache, qu'ils appellent *achagy* et qu'ils portent de la même manière. Ils tiennent à la main une *makana*, bâton fait de bois dur et pesant. A cela ils ajoutent encore une lance garnie de fer, et quelques-uns les *bolas* et le *lazo*. Ils sont excellents cavaliers, montent à poil, avec leur femme et leurs enfants, plusieurs sur le même cheval.

Dr DEMERSAY, *Fragments d'un voyage au Paraguay*.
(*Tour du Monde*.)

PRINCIPAUX ÉLÉMENTS DE LA POPULATION BRÉSILIENNE

Ce sont ces trois races différentes, Blancs, Indiens et Nègres, et leurs métis à tous les degrés, qui forment aujourd'hui le fond de la population du Brésil.

Faute d'un recensement général, à peine praticable d'ailleurs dans certaines provinces excentriques de ce vaste empire, il est très difficile d'indiquer, même approximativement, le chiffre de cette population. D'après une des évaluations les plus récentes, le nombre total des habitants du Brésil serait de plus de 10 000 000 d'âmes, y compris près de 2 000 000 de nègres et 250 000 étrangers.

Bien que dominante, la race blanche (dans le vrai sens du mot) ne forme pourtant qu'une faible partie de la population. Dans l'intérieur surtout, il n'y a qu'une très mince minorité, parmi les familles brésiliennes soi-disant de sang pur, qui se puisse glorifier de descendre des premiers colons, c'est-à-dire des Portugais, lesquels, aujourd'hui encore, composent la majorité des étrangers domiciliés et sont à peu près maîtres de tout le commerce de détail.

A première vue, le Brésilien offre un type distinct de celui de son aïeul : il est en général plus foncé, plus petit, plus fin d'allure et plus souple. Les habitants des provinces méridionales, telles que Minas Geraes, São Paulo et Rio Grande do Sul, sont généralement d'une plus belle prestance ; ils montrent plus d'énergie et d'activité, et l'élément indien est moins accusé chez eux que chez l'homme du nord.

Le préjugé de la couleur n'est pas, à beaucoup près, aussi puissant au Brésil qu'aux États-Unis ; il y a beaucoup d'hommes de couleur qui occupent des postes éminents dans l'armée et dans l'administration ; cependant ce défaut du sang ne se supporte pas sans regret, et c'est offenser gravement un Brésilien de bonne famille que de le prendre pour un *Pardo*, c'est-à-dire d'émettre un doute sur la pureté de son origine.

Les nombreux degrés de mélange, assez faciles à distinguer pour un regard exercé, ont une infinité de noms, qui varient souvent avec les localités, et dont quelques-uns emportent une idée accessoire de mépris.

Franz Keller Leuzinger, *Tour du Monde*.

LES INDIENS BODOCUDOS

Un jour j'étais à genoux dans ma tente, et, tout en travaillant avec ardeur, j'entendais des voix. Quel fut mon étonnement quand, en mettant la tête à la hauteur de la portière, je vis une douzaine de sauvages Bodocudos, avec leurs lèvres déformées et leurs oreilles d'un demi-pied de long ! Ils ne comprenaient certainement rien à cette tente, dans laquelle, au milieu du jour, ils apercevaient de la lumière. Ce fut bien pis quand ils en virent sortir en rampant un homme à tête rasée et à longue barbe.

J'avais par hasard sur moi quelques petits objets, entre autres un couteau et une lime à ongles, achetés dans les baraques du boulevard Bonne-Nouvelle la semaine du jour de l'an. J'en fis présent à celui qui paraissait le chef de la troupe. Nous fûmes bien vite bons amis, et il me donna en échange un arc et trois flèches. J'ajoutai à mon présent la moitié de mon déjeuner, qui fut également bien reçue. Je fus récompensé de cette bonne action par ce que je vis. Celui qui me paraissait être le chef avait, comme ses compagnons, dans une ouverture faite à la lèvre inférieure, un morceau de bois rond, un peu plus large qu'une pièce de cinq francs. Il se servit de ce morceau de bois comme d'une

Indien Boderudo.

table, découpant dessus avec mon couteau un morceau de viande fumée, qui n'avait qu'à glisser de là dans l'intérieur de sa bouche. Cette façon de se servir de la lèvre comme d'une table me parut d'une grande commodité. Mes nouvelles connaissances avaient également de grands morceaux de bois pareils dans le lobe des oreilles. Sans cette précaution, elles eussent pendu d'un demi-pied.

BIARD, *Voyage au Brésil*.

LE CURARE

Qui n'a pas entendu parler du *curare* ou de l'*urary*, ces poisons foudroyants des flèches indiennes? On a rectifié depuis longtemps les récits fabuleux de la plupart des anciens voyageurs touchant la préparation de ces redoutables toxiques. La matière employée n'est pas du tout un venin de serpent. Généralement on hache les tiges et les feuilles de certaines espèces de strychnos ou d'apocynées, on en exprime la sève qu'on fait réduire sur un feu doux, on la mélange avec du jus de tabac, du *Capsicum* (poivre d'Espagne), et un suc laiteux et âcre, ordinairement pris des euphorbiacées, puis le tout est transformé en une masse solide.

On sait aussi à présent que cette besogne n'est nullement faite par les mégères de la tribu, qui, disait-on, se vouaient ainsi à une mort cruelle; c'est un travail qui n'offre aucun danger, et qui est vraisemblablement accompli, soit par les femmes des jeunes guerriers, comme une partie intégrante de leurs occupations, soit par les hommes eux-mêmes. Au reste, il existe au moins huit ou dix espèces différentes de ce poison; pour toutes, la composition et le mode sont semblables, sans être identiques. L'*urary* des Indiens *Macusy* et le *curare* du Vénézuéla et de la Nouvelle-Grenade passent pour être les plus énergiques.

La substance est d'un brun foncé et poisseuse. On la conserve dans de petits pots d'argile cuite. On en enduit la pointe de longues flèches, qui est faite d'un bois de palmier dur, et celle des petits dards, semblables à des aiguilles, qu'on lance au moyen d'énormes sarbacanes (*sarabacanos*). Dès que la moindre parcelle en a pénétré dans le sang, le mystérieux principe opère avec toute sa puissance. Comme sous la pression d'un invincible sommeil, les membres s'engourdissent peu à peu et refusent, l'un après l'autre, le service. Au bout de quelques minutes, le poumon se paralyse et la mort survient.

Ce qu'il y a de particulier, c'est que les seuls nerfs affectés sont ceux par lesquels se font les mouvements soumis à notre volonté. Quant aux fonctions de notre activité physique qui ne sont pas du ressort de notre libre arbitre, comme, par exemple, la pulsation du cœur, elles continuent sans obstacle jusqu'au moment de la mort. Des expériences faites par des médecins français sur des animaux ont démontré que, si l'on maintient artificiellement en exercice durant quelques heures les poumons ainsi paralysés, le poison est expulsé par les voies naturelles et ne laisse aucune suite fâcheuse...

Chose étrange ! pas une des tribus indiennes qui habitent la rive droite de l'Amazone ne connaît le mode de préparation et l'emploi de l'*urary*. La plante qui fournit l'élément essentiel de cette mise en œuvre n'y fait cependant pas plus défaut que sur la rive gauche, où plusieurs tribus différentes de langage s'accordent pour faire usage du redoutable poison.

<small>Franz Keller Leuzinger, trad. par J. Gourdault, *Tour du Monde*.</small>

LES GAUCHOS

Gardeur ou propriétaire de bestiaux, qu'il s'élance avec ses *bolas* à la poursuite de l'autruche ou du chevreuil ; qu'il sacrifie des moutons ou qu'il égorge un bœuf ; qu'armé de sa carabine il attende traîtreusement un ennemi, ou que, son immense poignard à la main, il vide quelque contestation, le Gaucho se rit de la police des villes, de la poursuite des alcades et des alguazils : la Pampa, c'est son domaine.

CONFÉDÉRATION ARGENTINE, BRÉSIL ET PATAGONIE 245

Héros du désert, il a des poèmes pour chanter ses hauts faits et célébrer son courage; je n'en connais point pour stigmatiser ses vices. Mais quels vices? dira-t-on. Un vol, bagatelle; un coup de poignard, vétille; un meurtre, ce n'est que partie et revanche. Aussi sa figure est-elle tailladée, couturée de cent manières. Quelle adresse, quel plaisir d'enlever l'œil d'un ennemi, de trancher l'oreille ou le nez d'un rival, ou tout au moins de lui balafrer la face! Cavalier infatigable, le Gaucho peut, des mois entiers, du matin au soir, voyager sans quitter la selle; roulé dans sa couverture, il dort en plein air, quel que soit le temps. Sa vie se passe à courir la Pampa, à donner un coup d'œil à ses bœufs, à payer de fréquentes visites à la *pulperia* (le cabaret du désert), à pincer un air de guitare, humer paresseusement son *maté* ou fumer accroupi sur le devant de sa porte.

Il a pour maison quatre murs de torchis couverts de chaume, pour mobilier un crâne et un cuir de bœuf; sa batterie de cuisine, c'est une lance de fer pour embrocher sa viande et faire l'*asado*, le rôti, le seul manger qu'il connaisse. Son costume, c'est un feutre mou, le *poncho*, morceau d'étoffe de laine percée d'un trou pour y passer la tête et qui lui couvre le dos, la poitrine et les bras; la *chiripa*, espèce de culotte à la zouave d'une étoffe rayée, recouvrant un caleçon bouffant; une ceinture de cuir, appelé *tirador*; des bottes et de grands éperons d'argent.

Voilà son costume du dimanche: riche ou pauvre, le type est curieux plutôt qu'original, mais il n'est ni pittoresque ni beau; et, dans son attirail de campagne, il est tout bonnement affreux. En somme, c'est un vilain compagnon qu'on n'aimerait pas à rencontrer au coin d'un bois.

DÉSIRÉ CHARNAY, *A travers la Pampa* (*Tour du Monde*).

CHASSE AU GUANACO (1)

... Don Juan s'occupa de nos préparatifs, qui ne furent pas longs ; nous avions à peine fini de déjeuner que les cris des chiens vinrent nous avertir qu'on nous attendait.

En effet, nous trouvâmes la petite troupe en contre-bas du *rancho* ; elle se composait de trois *peones*, domestiques montés sur des mules, du grand lévrier et de quatre autres chiens moins beaux, mais dont les sauts et les aboiements joyeux exprimaient le vif désir de bien faire. Don Juan avait en main une carabine américaine à plusieurs coups, d'une portée de douze cents mètres, disait-il, présent de ses admirateurs du Chili où son renom de chasseur était grand. Un gamin tenait en laisse deux chevaux maigres, aux jambes sèches et nerveuses, dont l'un m'était destiné.

A chaque selle pendait un *lasso* armé de ses boules ; je n'en avais nul besoin, et n'aurais su qu'en faire. Je demandai qu'on m'enlevât le mien ; ce n'eût été qu'un embarras, car je ne pouvais suivre la chasse qu'en simple amateur.

Mes compagnons restèrent. En me voyant en selle, ils me souhaitèrent bonne chance, et nous partîmes.

Le temps était chaud ; la neige fondait rapidement, et, de chaque côté de la vallée, les déclivités rapides formées par les éboulements des hauteurs en étaient dégarnies.

Nous descendions la vallée et nous devions pénétrer sur les plateaux de droite, derrière les pics, par une gorge qui de loin me semblait inabordable. Nous quittâmes le sentier battu pour descendre et remonter les hautes berges de la rivière, dont nous suivîmes le bord.

Ce n'était pas sans une certaine émotion que je m'engageais

(1) Le guanaco est une espèce de lama.

en pareille aventure : n'aurais-je point à me demander à certain moment ce que j'allais faire dans cette galère? J'étais loin d'être bon cavalier, nous devions fouler des chemins affreux ; je n'avais pas même pour excuse l'entraînement de la chasse, puisque je partais en simple curieux. Quels dangers allions-nous y courir ? Mais c'est justement cet attrait du danger qui vous charme ; c'est l'inconnu qui vous entraîne. A la grâce de Dieu !

Nous allions vite ; mon cheval avait une marche douce et semblait, au milieu des rochers et des éboulis, à son aise comme sur du macadam. Je me faisais à son allure ; je prenais mon assiette, et le temps que nous passâmes avant d'atteindre les passages difficiles suffit à me rassurer entièrement. Peu après nous nous engagions dans les hauteurs ; nous coupions les pentes obliquement, et, suivant la nature du terrain, nous prenions le trot ou le petit galop. Je me familiarisais avec ma monture, et ma confiance grandissait en la voyant courir sans broncher sur des terres mobiles formant des pentes de quarante-cinq degrés, enjamber des rocs, en éviter d'autres, ou franchir un obstacle sans que la moindre sueur perlât sur sa peau brune.

Tout à coup la tête de la colonne s'arrête. Don Juan, d'un geste rapide, me désigne un pic, et sur ce pic une tête effilée emmanchée d'un long cou, que je distingue à peine.

« C'en est un, » me dit-il, mais tête et cou avaient disparu.

« Il reviendra, ajouta le chasseur, il voudra nous revoir ; la curiosité perd cet animal ; il reviendra ; en avant ! » et nous repartons de plus belle.

Quelques instants se passent, nous avons atteint le sommet d'un éboulement d'où, par un sentier vertigineux, nous pourrons atteindre la gorge et pénétrer dans la montagne. De l'endroit où nous sommes, le regard embrasse une plus grande étendue des hauteurs, et, les yeux toujours fixés sur le pic de tout à l'heure, nous apercevons de nouveau la tête imprudente s'avancer lentement à la découverte. Cette fois une partie du corps est visible ; c'est un guanaco, mais il est à plus de cinq cents mètres. Don Juan épaule vivement et fait feu.

Répercutée par les échos, la détonation roule comme un tonnerre au milieu des gorges de la montagne ; nos hommes poussent des hourras, et, précédés des chiens, s'élancent en avant.

« Venez, me crie le chasseur, la bête est restée sur place. »

Nous roulons plutôt que nous n'avançons au milieu d'un chaos épouvantable ; mon cheval, à qui je rends les guides, suit, glissant, trébuchant, bondissant, son maître qui me précède dans ce terrain brisé, rocailleux, aux pentes abruptes, aux précipices béants ; je n'ai qu'une préoccupation, éviter tout faux mouvement, conserver mon équilibre et ne point compromettre celui de ma bête ; mais l'émotion me gagne, je me sens pâlir ; ah ! ma foi, j'ose le dire, j'ai peur ; et cette course insensée dans cette gorge effroyable est un des souvenirs les plus émouvants de ma vie de voyage.

Nous débouchons cependant sur le plateau, d'où par une pente rapide, mais relativement facile, nous pourrons atteindre le sommet où le guanaco a dû s'abattre. Mules et chevaux sont couverts d'écume ; on n'y prend garde, et de la même course précipitée nous atteignons la hauteur. Il était là, le pauvre animal, frappé au défaut de l'épaule ; la balle l'avait étendu mort.

Don Juan me jette un regard plein d'orgueil satisfait, et comme j'applaudis à son adresse : « Ceci n'est rien, dit-il d'un air modeste, j'ai tiré des guanacos à plus de huit cents mètres. »

On prend un temps d'arrêt pour laisser souffler les bêtes, ce qui me permet d'examiner le paysage, et certes le tableau que j'ai devant les yeux compense et au delà les fatigues et les dangers de la route.

On n'accorde à mon admiration que de trop courts instants ; nous allons parcourir le plateau montueux qui s'étend derrière nous. Au dire de don Juan, le guanaco n'était pas seul ; et, me montrant sur la neige des empreintes toutes fraîches : « Ils étaient quatre, ajouta-t-il, et voilà une femelle et son petit. Nous les retrouverons dans quelque vallée intérieure, car les traces sont faciles à suivre. »

« En route, mes enfants, dit-il aux *peones*, emmenez les chiens et tâchez de nous ramener le gibier, » puis, s'adressant à celui qui portait en croupe le guanaco : « Toi, tu resteras avec nous. »

Nous descendîmes donc la pente à petits pas, pendant que les deux hommes et les chiens s'éloignaient sur la gauche. Ils devaient faire un long circuit pour prendre les guanacos à revers et les ramener s'il se pouvait. Les rabatteurs avaient depuis longtemps disparu, et don Juan donnait des signes d'impatience, quand des aboiements lointains firent passer un sourire sur son visage. « Ils les ont trouvés, » fit-il ; et, comme les aboiements se rapprochaient : « Attention ! ils vont déboucher derrière cette colline. Toi, Ignacio, laisse là ta bête, tu la reprendras plus tard, va-t'en garder l'entrée de la brèche ; puis, se tournant vers moi : « Le terrain est bon, ajouta-t-il, et c'est avec les *bolos* que nous allons les prendre. » Il détacha son *lasso*, le saisit de la main droite et nous partîmes.

Le plateau formait comme un vaste cirque allongé, et la colline qui nous masquait les gens et d'où nous venaient les voix, était droit devant nous. Tout à coup deux chiens apparurent au loin ; plus près de nous, à mi-côte, débouchèrent alors deux élégantes bêtes suivies d'un jeune guanaco. En nous apercevant, elles eurent un moment d'hésitation ; mais, pressées par les autres chiens qui les serraient de près, le grand lévrier en tête, elles bondirent vers le milieu du cirque.

Ce qui se passa depuis lors, je m'en souviens à peine, car, mon cheval lancé sur les traces de celui de Juan, nous bondissions dans une course folle. Aiguillonné par la voix des chiens et les cris des hommes, je perdis conscience des lieux, de l'espace, du danger ; emporté par des sensations nouvelles, grisé par l'ardeur de la chasse qui s'était emparée de moi, je ne voyais que les trois bêtes affolées, les chiens ardents à la poursuite et la grande stature de Juan agitant son *lasso* ; je le vis tourbillonnant dans l'espace et l'un des guanacos rouler dans la neige.

Nouveaux cris de victoire ; j'arrivai près de l'animal ; il s'agitait en vain dans les liens qui le retenaient ; l'un des Gauchos venait de l'amarrer solidement, pendant qu'un autre volait au secours du petit, que les chiens menaçaient de mettre en pièces.

Gracieuse et charmante bête, au pelage fauve, au ventre blanc, à la douce fourrure, je pus l'admirer à mon aise et dans toute sa grâce sauvage. Animal sans défense, le guanaco n'a d'autres armes dans sa colère que des crachats inoffensifs. La pauvre bête ne s'en faisait point faute et couvrait de matière verdâtre la poitrine et le visage du Gaucho qui le maintenait ; celui-ci s'essuyait le front, sans plus s'inquiéter des cris gutturaux et sourds que poussait l'animal en fureur. Mais que dire de ses yeux ? De véritables orbes : à la vue de son petit enlevé par les Gauchos, ils lançaient de telles flammes que je me reculai d'effroi.

La femelle amarrée à la selle de l'un de nos hommes, les deux autres portant, l'un le petit, l'autre le guanaco mort, nous nous dirigeâmes vers le fameux passage. Il fut des plus pénibles, mais j'étais aguerri et j'arrivai dans la vallée sans trop d'appréhension et sans mésaventure.

A la tombée de la nuit, nous rentrions à Puente del Inca, où nous eûmes pour souper un cuissot frais des plus appétissants.

DÉSIRÉ CHARNAY, *A travers la Pampa.*

MŒURS DES PATAGONS

L'existence du nouveau-né est soumise à l'appréciation du père et de la mère, qui décident de sa vie ou de sa mort. S'ils jugent à propos de s'en défaire, ils l'étouffent et le portent à peu de distance, où il devient la pâture des chiens sauvages ou des oiseaux de proie. Si l'innocent petit être est jugé digne de vivre, il est l'objet, dès ce moment, de tout l'amour de ses parents, qui, au besoin, endureraient les plus grandes privations pour satisfaire ses moindres exigences. Jusqu'à l'âge de trois ans, il est allaité par sa mère; à quatre ans on lui perce les oreilles. Cette cérémonie, qui fait époque dans la vie des Indiens et remplace chez eux le baptême, a lieu de la manière suivante :

Un cheval donné par le père à son enfant, quel qu'en soit le sexe, est renversé sur le sol, les pieds fortement liés ; l'enfant, orné de peintures et entouré de ses parents et de leurs amis, est couché sur le cheval par le chef de la famille ou celui de la tribu, qui lui perce les oreilles avec un os d'autruche bien affilé ; puis,

Percement de l'oreille chez les Patagons.

dans chaque trou, l'opérateur passe un petit morceau de métal quelconque destiné à agrandir les ouvertures opérées.

Comme dans toutes leurs fêtes, une jument fait le menu du festin ; les proches parents se partagent les os des côtes, et chacun vient déposer celui qu'il a rongé aux pieds de l'enfant, s'engageant ainsi à lui faire un don quelconque. Pour clore la cérémonie, le personnage qui a opéré le percement d'oreilles fait à chacun, avec le même os d'autruche, une incision dans la peau de la main droite, à la naissance de la première phalange de l'index. Le sang qui sort de cette blessure volontaire est offert à Dieu comme sacrifice propitiatoire.

A partir de ce moment, on s'occupe de l'éducation de l'enfant, et dès qu'il a atteint sa cinquième année, il monte seul à cheval et se rend déjà utile aux siens en gardant le bétail ; son père lui apprend à manier le lazo (lasso), les boules, la lance et la fronde. A dix ou onze ans, époque à laquelle il est aussi formé qu'un Européen de vingt-cinq ans, son instruction est complète ; il coopère aux razzias et aux pillages.

Les Indiennes suivent souvent leurs maris dans leurs expéditions de guerre, et, pendant que ceux-ci sont aux prises avec les soldats ou avec les fermiers, elles rassemblent et entraînent les troupeaux avec prestesse, aidées de leurs enfants. Ces hommes sauvages ne manquent ni de bravoure ni de hardiesse, et ne reculent point au premier choc d'un engagement sérieux.

A. GUINNARD, *Trois ans de captivité chez les Patagons.*

OCÉANIE

MALAISIE

UNE VISITE CHEZ LES ANTHROPOPHAGES BATTAS A SUMATRA

M⁽ᵐᵉ⁾ Ida Pfeiffer, malgré ses soixante ans passés et les immenses dangers auxquels elle s'exposait, eut la témérité de se rendre chez les anthropophages de Sumatra, les Battas. Elle se trouva tout à coup entourée par une tribu de sauvages, qui l'auraient sans doute traitée comme une ennemie, si elle ne s'était pas tirée de ce mauvais pas avec une étonnante présence d'esprit. Les indigènes qui l'accompagnaient crurent la situation désespérée et jugèrent prudent de prendre la fuite. La pauvre femme était donc seule au milieu d'affreux cannibales.

Ces hommes, dit-elle, avaient six pieds, leurs traits étaient contractés par la colère, ce qui faisait ressortir leur laideur. Leurs grandes bouches, avec des dents saillantes, ressemblaient à la gueule d'une bête fauve. Ils m'assourdissaient de leurs clameurs... Je ne perdis pas la tête : feignant l'assurance, j'allai m'asseoir sur une pierre qui se trouvait là par hasard... Les gestes des sauvages ne laissaient aucun doute sur leurs intentions ; avec leurs couteaux, ils désignaient mon cou ; avec leurs dents, mes bras ; ils remuaient la mâchoire comme s'ils avaient déjà ma chair dans leur bouche. J'allai droit au plus proche, et, lui frappant familièrement sur l'épaule, je lui dis avec un visage souriant, moitié en malais, moitié en batta : « Allons donc ! vous auriez le cœur de tuer et de manger une femme et surtout une vieille comme moi, dont la peau est dure et coriace...! »

OCÉANIE

Cette feinte assurance plut aux sauvages, qui accueillirent l'intrépide voyageuse avec des marques d'amitié et lui rendirent de véritables honneurs.

, *Les illustres voyageuses.*

L'AMOK CHEZ LES JAVANAIS

Le Javanais, quoi qu'on en dise en Europe, est généreux, doux et timide. Aussi, lorsqu'il conçoit la pensée d'un crime, a-t-il

Effet de l'opium sur les Malais (Amok).

besoin, pour s'exciter à le commettre, de recourir à l'ivresse; il choisit la plus terrible, celle de l'opium, et, une fois sous l'empire de ce funeste poison, il court se précipiter, le kriss à la main, sur la victime qui a excité sa haine et l'égorge sans pitié. Mais, jamais assouvi par le premier meurtre, il se met alors à courir au hasard, tuant ou blessant tous ceux qu'il rencontre. On a vu des Javanais, ivres d'opium, assassiner jusqu'à quinze et dix-sept personnes. C'est ce qu'on appelle faire *amok*.

Dès que le cri Amok! se fait entendre dans un kampong, les veilleurs de nuit et la garde urbaine prennent immédiatement les armes; les uns frappent le *thong-thong*, les autres poursuivent le fugitif. On se rend d'abord maître de lui à l'aide de grandes fourches qu'on nomme bandhilles, et ordinairement on l'exécute séance tenante.

De Moliss, Voyage à Java (Tour du Monde).

LA CUISINE A JAVA

C'est dans les repas de noces que les Javanais déploient les ressources de leur singulière cuisine.

Les fruits, servis au commencement du repas, sont suivis du karie, que nous mangeons à l'état simple de sauce, mais qui constitue, à Java, un festin complet.

Le riz, bouilli à la vapeur et fort peu cuit, sert de plat de résistance : c'est la partie substantielle et nutritive de l'alimentation, et, si on l'arrose de la sauce au karie, c'est pour lui donner le degré d'humidité qui permet de l'avaler sans s'étouffer, et un goût prononcé de piment qui sert aussi à faire disparaître ou à déguiser tout au moins sa fade saveur.

Mais, pour un Indien, le régal serait bien maigre s'il n'ajoutait au riz et au karie les s'mbals-s'mbals ou condiments destinés à accompagner le riz et la sauce, et à en relever le goût.

Les s'mbals-s'mbals se composent de deng-deng, de poissons

salés et séchés vivants au soleil, d'œufs couvés et salés, et de hachis de viande parfumés à la rose, au jasmin, au melatti (*nyctanthus*); les autres condiments sont de nature végétale, comme les germes des différentes plantes et les tranches de coco sautées au piment. Tous sont servis en fort petite quantité dans des plats à compartiments, où chacun choisit ceux qui répondent le mieux à son goût ou à ses habitudes.

La première fois que ces saveurs étranges frappent un palais européen, elles produisent une douleur réelle, une sensation épouvantable de brûlure, qui passe de la bouche à l'estomac et semble toujours augmenter. On boit, mais l'eau ne fait qu'activer et répandre par tout le corps l'horrible cuisson; on pense avoir avalé des charbons ardents; on demande un miroir pour s'assurer si l'on a encore de la peau sur les lèvres et sur la langue. Cependant cette singulière impression se calme peu à peu, et si l'on a le courage de renouveler l'expérience, on habitue assez vite ses organes à ces épices accumulées, si bien que la cuisine javanaise, très propre d'ailleurs à exciter l'appétit, finit par devenir indispensable.

Quant à moi, je ne tardai pas à adopter le système d'alimentation des Javanais, dans ce qu'il y avait toutefois de compatible avec mes idées. Mais, si je n'ai jamais mangé de chenilles et de termites, j'ai vécu de riz et de karie, accompagnés de s'mbals-s'mbais.

De Molins, Tour du Monde.

DISTINCTION HONORIFIQUE A JAVA

On m'a assuré qu'une des distinctions les plus recherchées est celle d'obtenir de l'empereur ou du sultan une prise de syri, et que celui qui la reçoit de la royale main la garde avec soin,

s'en fait honneur comme les gens de cour européens de leurs
rubans et de leurs tabatières, la place dans le plus beau de ses
coffres, la transmet à ses héritiers directs, et que, bien longtemps
après la mort du titulaire, on parle encore dans le pays de la faveur
exceptionnelle dont il a été l'objet. Mais, quoique tout me porte à
croire à l'exactitude de ces détails, je ne les avance ici que sous
toutes réserves, bien décidé à ne raconter que ce que j'ai vu de
mes propres yeux.

De Molins, *Voyage à Java* (*Tour du Monde*).

CHASSE AU RHINOCÉROS A JAVA

Nous sommes partis ce matin à cinq heures pour chasser le
rhinocéros. Nous arrivons sur le terrain par des sentiers tortueux,
et ce qui doit être notre champ de bataille se déroule à nos yeux.
C'est une gorge sauvage, creusée en demi-cercle; nous sommes
au centre de la courbe, sur le côté extérieur, dominant un ravin
presque impénétrable et couvert en tous points d'une jungle
épaisse. Fouillis d'herbes et de roseaux de plus de quinze pieds
de hauteur, la jungle est pour les hommes ce qu'un champ de
blé mûr, dru et serré, est pour les lièvres. En dehors de quelques
coulées étroites, ce n'est qu'en brisant mille tiges et en se jetant
tête baissée qu'on peut avancer de quelques pas. Plusieurs centaines de traqueurs nous attendent; ils sont armés de fusils à
pierre, destinés à faire au moins du bruit, et au premier abord
plus dangereux pour nous que pour les bêtes féroces. Les chefs
de tribu emmènent leurs hommes en silence vers notre gauche;
ils font un grand circuit pour doubler le ravin et l'envelopper sur
nous. Du haut de notre coteau, nous dominons l'endroit le plus
resserré de la gorge : une petite clairière où coule le torrent.

Y a-t-il chance que les grosses bêtes prennent cette route? Personne ne le sait, tout le monde l'espère.

Des hurlements aigus sur toute la ligne nous annoncent que la battue commence; la rangée des tirailleurs s'ébranle : nous sommes prêts. J'ai orné ma carabine de sa baïonnette pour les cas désespérés et chargé mon arme avec une consciencieuse attention, car le danger est grand. Il paraît que, lorsque l'animal attaque, il vous broie en un instant d'un seul coup de ses énormes pieds qui ont plus d'un demi-mètre de diamètre. Au bout d'un quart d'heure, deux coups de feu tirés par les traqueurs se font entendre : on a vu la bête! Alors quel n'est pas notre étonnement d'apercevoir en quelques instants, non seulement le désordre sur toute la ligne, mais toutes les têtes de nos hommes au sommet des cocotiers! Avec un ensemble indescriptible, ils avaient lâché pied, et, grimpant à l'envi les uns des autres avec l'adresse du singe, ils avaient déserté le sol et cherché un refuge dans les panaches dorés sur lesquels reposent en général les oiseaux.

« Du haut de ces cocotiers, quatre cents poltrons nous contemplent! » s'écria l'un de nous. La famille des trois rhinocéros escalade la montagne qui est en face de nous, mettant en fuite deux ou trois groupes d'indigènes littéralement perdus dans les grandes herbes.

Nous ne voyons d'abord qu'une agitation dans la jungle, environ à 900 mètres de nous : les animaux dessinent leur course par une sorte de remous qu'ils soulèvent en s'avançant comme entre deux eaux dans cette mer d'herbes plus haute qu'eux, et par le tortueux sillage que forme en tombant le taillis épais qu'ils brisent. Nous faisons une course à pied, à toute vitesse, dans une coulée, pour les couper au demi-cercle, mais ce n'est que pour le plaisir des yeux. Avec nos lunettes seulement nous pouvons distinguer trois masses grisâtres et énormes, en silhouette sur la crête du col opposé!

En tête marche le mâle, avec sa haute corne fichée sur le bout du nez, puis la femelle; le petit, déjà de la taille d'un buffle, trottine dans la voie frayée par ses immenses parents. À peine ont-ils disparu, que nos traqueurs sautent lestement à bas de leurs perchoirs, tout radieux d'être délivrés de la sainte horreur que leur inspirent les monstres!

La femelle du rhinocéros, suivie de son petit, a côtoyé le torrent et est arrêtée dans une clairière à 150 mètres du tamarinier. Les balles de nos trois amis l'ont-elles pénétrée ou non, c'est un mystère; mais la bête, soulevant haut sa grosse tête difforme, repart au grand trot en ayant l'air de se porter à merveille. — Je verrai longtemps en souvenir cette masse grisâtre broyant de son large poitrail tout ce qui était obstacle pour elle, et poursuivant sa route avec le dédain d'un monstre qui ne fuit pas, qui ne s'inquiète même pas des balles que lui lancent les hommes.

Comte DE BEAUVOIR, *Voyage autour du Monde*.

LES DAYAKS

Les Dayaks veillent tard. Ce ne fut qu'à onze heures du soir que les feux s'éteignirent l'un après l'autre. Je me trouvai alors dans de profondes ténèbres. Cependant je n'avais pas peur, quoique loin de tout secours, et seule au milieu de ces amateurs de têtes humaines. Je savais que le nom du rajah Brooke était arrivé jusqu'ici, et que je pouvais reposer en toute sécurité sous la protection du respect qu'on a pour lui.

Le lendemain, à midi, nous nous arrêtâmes chez une autre tribu. Mais ici l'aspect n'était pas des plus gais, car les hommes n'étaient revenus du combat que depuis deux jours et avaient rapporté une tête qui se trouvait suspendue, avec d'autres déjà toutes desséchées, au-dessus du foyer où l'on avait préparé ma couche. Il faut savoir que c'est là la place d'honneur offerte à l'hôte, distinction, selon moi, peu flatteuse et fort désagréable, mais qu'il est impossible de refuser.

Les crânes secs que le courant d'air faisait s'entre-choquer, la puanteur excessive et asphyxiante provenant de la tête nouvellement coupée, qui m'arrivait à la figure, l'aspect des hommes encore très excités et qui tournaient toujours autour de ma couche quand déjà tous les feux étaient éteints, m'ôtèrent toute envie et toute possibilité de dormir. J'avoue franchement que mon angoisse fut si grande, qu'il me prit une espèce de fièvre. Je ne pouvais pas rester plus longtemps couchée et je n'osais cependant pas me lever ; je me mis sur mon séant, et je croyais à tout instant me sentir le couteau à la gorge. Ce ne fut que vers le matin que je retombai sur ma couche, brisée et épuisée de fatigue.

Mme Ida Pfeiffer, Tour du Monde.

UN DANGEREUX VOISIN

Mes veillées sous la vérandah étaient consacrées à la capture des insectes qu'attirait la lumière. Un soir, vers neuf heures, j'entendis au-dessus de ma tête une sorte de frôlement, comme si quelque animal pesant se glissait sur mon toit de feuilles, puis le bruit cessa et je ne m'en occupai plus. Le lendemain, dans l'après-midi, me trouvant un peu fatigué, je m'étendis sur mon sofa pour lire ; en levant les yeux, j'aperçus entre les solives du faîtage un objet tacheté de noir et de jaune, « quelque écaille de tortue, pensai-je, qu'on aura mis là pour en débarrasser la chambre ». Tout à coup je vis remuer la chose en question : c'était un gros serpent enroulé sur lui-même ; ses yeux étincelaient au centre des anneaux. Un python, rampant le long d'un pilier, s'était introduit sous le toit ; toute la nuit j'avais dormi à moins d'un mètre de ce dangereux voisin.

A dangerous snake.

J'appelai mes deux domestiques qui travaillaient à préparer des oiseaux; dès qu'ils eurent vu le serpent, ils dégringolèrent l'escalier de la vérandah, en m'adjurant de les suivre au plus vite. Quelques-uns des ouvriers de la plantation accoururent et tinrent conseil. Un d'entre eux, natif de Bouron, où foisonnent ces reptiles, se chargea seul de la besogne : ayant d'abord fait avec un rotin une sorte de lasso, il agaça, au moyen d'une longue perche, le serpent qui commença à se dérouler avec lenteur. Notre homme lui passa adroitement le nœud au-dessus de la tête, et, l'ayant glissé jusqu'au milieu du corps, essaya de tirer l'animal vers lui. Celui-ci, furieux, s'enlaçait autour des chaises et des poteaux ; le tapage était à son comble ; l'indigène parvint cependant à se saisir du python par la queue, et, courant comme un fou, le lança de toutes ses forces contre un arbre afin de lui briser le crâne ; mais il manqua son coup, et le serpent se réfugia sous une souche. Son ennemi le délogea de nouveau avec un bâton, s'en empara encore, et, reprenant sa course, l'étourdit en lui frappant la tête, et l'acheva avec une serpe. Il mesurait douze pieds de long et aurait pu avaler un chien ou un enfant.

ALFRED RUSSELL WALLACE, *L'Archipel Malaisien (Tour du Monde).*

MÉLANÉSIE

LES INDIGÈNES DES ILES AROU

L'existence des sauvages me paraît misérable et monotone. La nourriture, par exemple, ce qui importe le plus dans la vie des peuples non civilisés, est, par leur faute, insuffisante et de mauvaise qualité. Les indigènes d'Arou n'ont point de provisions régulières de blé, de riz, de manioc, de maïs ou de farine de sagou, base quotidienne de l'alimentation de la plus grande partie des populations du globe. Ils cultivent cependant plusieurs espèces de légumes, du plantain, des ignames, des patates douces, des sagoutiers, et mâchent d'énormes quantités de canne à sucre, de noix de bétel, de gambir et de tabac. Ceux qui vivent sur les côtes ne manquent point de poisson, mais, dans l'intérieur, ils ne vont à la mer que de loin en loin pour en ramener des bateaux de pétoncles et autres mollusques. De temps en temps ils tuent quelque kangourou, quelque cochon sauvage, mais la viande ne forme pas une partie régulière de leur régime, essentiellement composé de végétaux verts, aqueux, mal cuits et en quantité souvent insuffisante. Aussi sont-ils généralement affectés de maladies de peau et d'ulcères aux jambes et aux articulations. Je ne crois pas qu'on doive chercher d'autre origine au scorbut, si fréquent parmi les sauvages. Les Malais, qui ne se passeraient pas un seul jour de leur riz bouilli, n'en sont que très rarement atteints; les Dayaks, montagnards de Bornéo qui cultivent cette graminée et se nourrissent bien, ont la peau saine et lisse, tandis que les tribus paresseuses et malpropres qui ne vivent que de fruits et de légumes verts, sont très sujettes à toutes ces maladies. Sous ce rapport comme sous tant d'autres, l'homme ne peut impunément vivre à la façon des animaux, et, sans souci du lendemain, se

Marché de Jocbao (aux Iles Aros).

repaître des herbes et des fruits de la terre. Il faut que ses labeurs lui procurent des substances féculentes qu'il puisse emmagasiner et accumuler pour les besoins de toute l'année. Cette fondation bien posée, les légumes, les fruits, la viande, auront leur tour.

Après le bétel et le tabac, la principale jouissance des habitants d'Arou est l'arack (rhum de Java), que les trafiquants introduisent en grande quantité et vendent à très bas prix. Le produit d'une seule pêche ou d'une journée employée à couper du rotin dans la forêt, permet aux indigènes d'acheter une bouteille de trois litres au moins; ils échangent le tripang ou les nids de salangane recueillis pendant la saison contre des caisses de quinze flacons, autour desquelles on s'assied en rond jour et nuit jusqu'à ce qu'il ne reste plus une goutte de liquide. Ils racontent eux-mêmes qu'après de telles orgies ils mettent souvent la case en pièces, brisent et détruisent tout ce qui leur tombe sous la main, et font un tapage infernal, hideux à entendre et à voir.

Les huttes et leur contenu vont de pair avec la nourriture. Un grossier appentis soutenu par de minces bâtons qu'on ne prend même pas la peine de dépouiller de leur écorce; pas de mur, mais le plancher élevé jusqu'à un pied seulement du bord inférieur de la toiture, voilà le style généralement adopté. A l'intérieur, des cloisons de feuilles forment de petits compartiments où se casent les deux ou trois familles qui vivent dans la même demeure. Quelques nattes, des paniers et des marmites, des assiettes et des bols achetés aux trafiquants de Macassar, constituent le mobilier; pour armes, ils ont des arcs et des piques; les femmes portent un pagne d'écorce, et les hommes une ceinture; ceux-ci, pendant des heures, que dis-je, des journées entières, restent assis sur les nattes, servis par leurs épouses, et mangent les légumes ou le sagou brut dont ils se contentent pour leur nourriture. De temps à autre ils vont à la chasse ou à la pêche, réparent leur maison ou leurs canots; mais le travail est pour eux une punition, la paresse et le babil sont le seul bonheur de

leur monotone existence, et ce bonheur, ils se le prodiguent!
Tous les soirs, notre case est une vraie tour de Babel; mais comme
je ne comprends pas un mot de leurs bavardages, je poursuis ma
lecture ou ma besogne sans plus m'en occuper. Les cris, les rires
frénétiques se mêlent au bruit des voix.

Au milieu de cette population, comme presque chez toutes les
races sauvages que j'ai vues de près, je suis surtout frappé de la
beauté des hommes, beauté dont on ne peut se faire l'idée dans
nos pays. Que sont les plus parfaites statues grecques auprès des
êtres vivants, agissants, qui tous les jours passent devant nos
yeux? Comment décrire la grâce libre et fière d'un sauvage dont
les membres n'ont jamais subi les entraves des vêtements et qui
vaque à ses occupations ou s'étend nonchalamment sur le sol?

La chevelure des femmes, frisée, est retroussée en paquet derrière la tête. Elles aiment fort à la peigner ou plutôt à la râteler
avec une grande fourchette de bois, à quatre dents écartées, qui,
du reste, remplit infiniment mieux que n'importe quel démêloir
son office de séparer ces longues touffes enchevêtrées de végéta-
tion crânienne. Le peu d'ornements qu'elles possèdent est arrangé
avec un goût parfait: souvent elles fixent sur leurs anneaux
d'oreilles leur long collier, dont les extrémités se rejoignent autour du nœud de leur chevelure; les perles encadrent gracieusement l'ovale du visage, et je me permets de recommander ce
style de parure à celles de mes lectrices qui ont conservé l'usage
barbare de se percer les oreilles. D'autres fois, les belles Papoues,
propriétaires de deux colliers semblables, en passent un sous
chaque bras et lui font contourner le côté opposé du cou; ils
se croisent en sautoir derrière le dos et sur la poitrine, où les
perles blanches et l'ivoire des dents de kangourou contrastent
vivement avec la peau luisante de ces dames. Leurs boucles
d'oreilles sont de minces barreaux d'argent ou de cuivre dont les
bouts sont tordus et croisés l'un sur l'autre. Comme presque
toujours chez les peuples primitifs, les hommes ne regardent pas
la parure comme l'apanage exclusif de leurs compagnes; ils se
couvrent de colliers, de pendeloques, de bagues; leur ornement

le plus prisé est une bande d'herbe tressée qu'ils portent à la naissance du bras, et à laquelle ils attachent des touffes de fourrure ou de plumes aux couleurs éclatantes. Les dents des petits animaux, seules ou alternées avec des perles de verre noir ou blanc, leur servent de colliers et parfois de bracelets; mais ils préfèrent, pour ce dernier usage, des fils de laiton ou les piquants noirs et cornés des ailes de casoar, qu'ils regardent comme des amulettes. Des anneaux de cheville en cuivre ou en coquillage et des jarretières tressées au-dessous du genou complètent leur tenue ordinaire.

ALFRED RUSSELL WALLACE, *Tour du Monde*.

LES ALFOUROUS

Les Alfourous ont le teint d'un brun clair, de beaux yeux noirs, des dents blanches et des cheveux noirs fort épais qu'ils ne coupent jamais. Les hommes nouent leurs cheveux par-devant en forme de disque qu'ils agrandissent en y mettant de la paille de riz. Autour de la tête ils ont un mouchoir roulé avec tant d'habileté et d'élégance que le disque des cheveux s'en détache comme une cocarde. Un homme qui a conquis deux têtes peut aussi orner sa coiffure de coquillages blancs. Tous ne portent pas le disque de cheveux et le mouchoir. Beaucoup laissent librement flotter leur chevelure, ce qui leur donne un air féroce. Leurs cheveux épais, longs et un peu hérissés, leur tombent sur la figure et volent en l'air au moindre mouvement. S'ils ont une riche chevelure, ils ont en échange très peu de barbe. Il ne paraît pas qu'ils s'arrachent les poils de la barbe comme font les Malais; j'en vis même quelques-uns qui avaient une petite barbiche, dont ils paraissaient être très fiers. Les femmes portent les cheveux noués et attachés par derrière.

Mme Ida Pfeiffer, *Tour du Monde*.

L'AUSTRALIEN

Chaque sol a sa race spéciale : le granit a la sienne, les terrains calcaires ont la leur ; bien d'autres agents, l'air, les milieux, exercent une énorme influence. Un fait hors de doute aujourd'hui, du moins pour nous, c'est que l'homme australien ne doit pas être assimilé au véritable nègre ; il est certes bien l'enfant de la terre qu'il habite. Lorsque les Européens sont venus le surprendre dans sa retraite, il ne connaissait ni l'agriculture, ni les métaux, ni les animaux domestiques, pas même l'arc. Il ignorait tout ce qui constitue les éléments de la civilisation chez les autres peuples. La conclusion à en tirer est simple : il n'était jamais sorti de son île. Il a inventé le *boumerang*, dira-t-on, arme merveilleuse, qui, après une voltige, une série de pirouettes, revient, sans toucher le sol, retomber aux pieds de celui qui la lance en avant comme un projectile ; mais ce casse-tête, d'un genre nouveau, bien que défiant, pour ainsi dire, les lois de la balistique, n'établit pas suffisamment le génie d'une nation.

Ventre proéminent, extrémités petites, membres grêles, teinte cuivrée, généralement sombre, même noire, cheveux plutôt ondulés que crépus, prognatisme très prononcé, tel est l'Australien. Être abject, affreux, suivant quelques auteurs, Apollon noir, d'après les autres. Ces divergences d'opinion ne doivent pas étonner : l'Australie est un monde, et des peuples différents peuvent parfaitement s'y présenter. Quelques tribus échappent certainement à la laideur ; la majorité des habitants est d'une constitution misérable. Il est peu probable que l'anthropophagie soit une coutume, pour ainsi dire normale, de ce peuple; mais il est certain qu'après des famines, le cannibalisme a pris, à diverses époques, d'effroyables proportions. Ces indigènes, qui passent pour si abrutis, font parfois preuve d'une sagacité assez grande : ainsi, en frottant quelques morceaux de bois secs, par un mouvement de rotation rapide, ils parviennent, en moins d'une minute, à obtenir de la flamme. Les sauvages du Nouveau-Monde usent d'un semblable procédé. Leur intelligence est généralement au-dessous de celle de la plupart des nègres ; leur crâne est dolichocéphale. Leur nombre n'a jamais dû être considérable; mais il diminue avec une telle rapidité, que l'on peut prévoir qu'avant la fin du siècle la race aura disparu ; on n'en compte plus que quelques milliers. Le pauvre peuple s'éteignait lentement de lui-même ; les Anglais en étouffent les derniers débris. Pourquoi faut-il que cette grande nation britannique ternisse sa gloire par sa conduite implacable? Il faut le dire, en effet, cette terrible race saxonne tend à la suppression radicale des indigènes : « La politique n'a pas d'entrailles », disait Napoléon. « Nous appartenons à un peuple de proie, » répétait Emerson.

B. C., *L'Australie* (*Encyclopédie générale*).

CAPTURE D'UNE RUCHE A MIEL

Les indigènes australiens sont fort adroits à certaines chasses. C'est ainsi qu'un jour un naturel, du nom de *Bouroullah*, m'offrit un superbe gâteau de miel. Émerveillé d'un si agréable présent, je résolus de connaître le moyen qu'il avait employé pour se le procurer ; je priai donc Bouroullah de m'initier à son secret. Il me répondit par quelques mots, que je pourrais traduire ainsi :

« La seule chose à faire, c'est de guetter une abeille lorsqu'elle va boire et de la suivre jusqu'à son nid. » Ma figure dut annoncer la plus franche incrédulité, car il ajouta : « Puisque vous ne me croyez pas, venez avec moi, et vous verrez bien que je dis vrai. » Mon chasseur s'en alla chercher deux filets, qu'il mit sous son bras, puis nous partîmes, non sans toutefois qu'il m'eût recommandé un silence absolu. Nous arrivons en quelques minutes à une petite cavité pleine d'eau ; là, le noir prend une gorgée de cette eau qu'il garde dans sa bouche, et se couchant à terre de manière à tenir la tête près du bord, il reste dans une immobilité parfaite. Une heure environ s'écoula, et je commençais à me fatiguer de regarder ainsi un homme qui avait l'air en extase devant son ombre, quand le bourdonnement d'une abeille fixa mon attention : elle voltigea d'abord au-dessus de l'eau, puis au-dessus de la tête du noir, puis à droite et à gauche, près de ses oreilles ; mais le chasseur restait immobile et silencieux jusqu'au moment où, par un changement de note dans son bourdonnement, l'abeille donne à comprendre qu'elle va boire ; à ce moment et comme mû par un ressort, Bouroullah décharge sur elle l'eau qu'il tient en réserve, et avant que le pauvre insecte ait eu le temps de revenir de cette douche inattendue, il le saisit avec une étonnante dextérité, et lui attache sur le corps un petit paquet de coton qu'il fixe à l'aide d'un peu de gomme. Mon chasseur m'explique que le poids dont il charge sa prisonnière a pour but de retarder sa course, et d'empêcher qu'elle n'échappe à la vue.

Son explication est immédiatement suivie d'un long cri rauque et guttural ; nous sommes bientôt entourés de plusieurs de ses compagnons qui viennent assister à la mise en liberté de l'abeille. Comme l'a prédit le noir, l'insecte s'envole lentement ; le bruit particulier qu'il produit en agitant ses ailes ainsi chargées, guide aisément les chasseurs qui courent après lui, sans s'inquiéter des obstacles de la route. Je ne pouvais les suivre que *passibus non æquis* et mis environ une demi-heure à les rejoindre ; je les trouvai tous rassemblés au pied d'un énorme gommier, au sommet duquel on m'annonça que l'abeille s'était posée. Bonroullah monta aussitôt à l'arbre avec toute l'agilité d'un chimpanzé, et peu après descendit portant plusieurs gâteaux dont quelques-uns seulement contenaient du miel.

Hübner, Bulletin de la Société de géographie, 1867.

LES MINEURS D'AUSTRALIE

Après les premiers moments de stupéfaction qu'inspire la vue de ces masses d'or extraites de la boue sous nos yeux, après cette première fascination qui fait comprendre toute la fièvre de l'or, je dois dire que j'ai été frappé du peu de perfection des machines et des moyens employés. Tous ces hommes sont tellement habitués à manier des pelletées de sable aurifère, à trouver de l'or partout et toujours, qu'ils négligent de traiter minutieusement le minerai qu'ils sont allés chercher cependant à une si grande profondeur sous terre : ils vont au plus pressé ; ils prennent à la terre ce qu'elle leur offre le plus facilement, sans s'inquiéter de tout ce qu'ils perdent. Ils sont comme des moissonneurs qui, craignant l'orage, se hâtent de sauver le plus gros de la récolte et se disent : « Tant mieux pour ceux qui glaneront ! »

Les voilà en effet ceux qui glanent ! Ce sont les simples « diggers » : nous en avons vu aujourd'hui des centaines ; ils sont à la fois comme les tirailleurs avancés ou comme les traînards du gros corps d'armée des mineurs. Européens indociles ou aventureux, Chinois vagabonds et misérables, ils portent sur eux tout leur matériel, et s'en vont, tantôt dans les petites vallées inexplorées, tantôt sur les tertres formés des détritus des grandes mines, tenter la fortune pour eux seuls. Ils ont une sorte de berceau en bois recouvert d'un grillage destiné à écarter les gros cailloux ;

d'une main ils font constamment osciller le berceau; de l'autre ils versent de l'eau sur l'appareil : l'eau entraîne le sable et dissout la glaise; le petit glaisier reste seul mélangé aux paillettes d'or et aux lingots. Au bout d'une heure ou deux, ils ramassent au fond du berceau tout ce que l'eau n'a point entraîné, ils le mettent dans l'antique et classique cuvette de fer-blanc, et vont au plus proche ruisseau « laver » la poussière d'or. Rien de joli comme le mouvement de va-et-vient qu'ils impriment aux petites ondes s'agitant dans la précieuse cuvette; ils suivent d'un regard anxieux ce léger nuage brillant de paillettes d'or, qui vient se condenser petit à petit jusqu'au centre, grâce à son poids, tandis que les dernières vagues, qui contiennent gravier et glaise, sont rejetées et disparaissent. La moyenne de ces journées, nous disait l'inspecteur des mines, varie de 12 à 19 francs de bénéfice. De temps à autre le solitaire aventurier trouve, dans le sable déjà vingt fois balayé et tamisé, des lingots de 60 à 100 francs; beaucoup aiment ce travail, où le caprice guide et où l'indépendance absolue charme ces êtres nomades qui couchent sous un arbre ou dans quelque grotte sombre, espérant toujours découvrir pour eux seuls quelque trésor considérable.

C'était la vie que menaient tous les mineurs pendant les cinq ou six premières années qui suivirent la découverte de l'or. De leurs mains ils ont tamisé toute la surface de ces plaines qui alors étaient couvertes d'une vraie moisson de ce précieux métal; presque chaque jour chacun trouvait quelque lingot important : c'était le jeu, avec ses tentations et ses passions brûlantes! Mais combien, même aujourd'hui, cette vie d'homme des bois, quoique souvent pénible et misérable, me tenterait plus que la condition de dix-sept mille mineurs qu'emploient dans ce petit *Ballarat* les grandes Compagnies! C'est, en effet, une chose curieuse de penser que, dans cette Australie où la main-d'œuvre est si chère, où chaque charpentier et chaque forgeron gagnent aisément de 18 à 20 francs par jour, le mineur d'or est payé 14 francs 25 centimes seulement : c'est le métier le moins rétribué ici. Il est vrai que le mineur reçoit de la Compagnie un terrain voisin de la mine, pour y construire sa maison et y cultiver son jardin, qu'en cas de maladie ou de misère sa famille est soignée et secourue aux frais de ses patrons ; mais, tandis que le « digger » jouit seul de sa découverte d'un lingot de 30 francs, le mineur salarié éprouve bien souvent la terrible torture qui résulte d'un salaire de 11 francs 25 centimes, le jour où il a trouvé, au bout de sa pioche, dans le puits de la Compagnie, des lingots de 100 000 et 150 000 francs.

Comte DE BEAUVOIR, *Australie*, 1869.

LES OGRES DE VITI

Les Vitiens sont encore loin d'avoir renoncé au cannibalisme ; s'il disparaît partout où les missionnaires anglicans étendent leur influence, on en retrouve encore la détestable pratique dans les districts de l'intérieur. Mais, là même, il se dissimule, il se cache et ne se fait pas gloire de ses appétits féroces ; autrefois, au contraire, on tenait à honneur de constater le nombre des victimes dévorées ; parfois c'était à l'aide d'incisions successives sur des arbres ou des poteaux, souvent aussi c'était en plaçant dans les environs de la demeure du chef une pierre commémorative de chaque corps qu'il avait mangé. Un missionnaire rapporte à ce sujet le fait suivant, à peine croyable, s'il n'en attestait sérieusement la véracité. Parmi les chefs les plus renommés pour leur anthropophagie, Ra-Undreundu fut le plus fameux de tous sans contredit ; il était un sujet d'étonnement et d'horreur pour les Vitiens eux-mêmes. La fourchette dont ce monstre se servait avait mérité un nom spécial : on l'appelait *undro-undro*, une expression par laquelle on désigne une personne ou un objet supportant un fardeau pesant. Ra-Vatu, le fils de ce cannibale, se promenant au milieu de ses domaines héréditaires avec le missionnaire anglican qui l'avait converti au christianisme, montra des rangées de pierres placées là pour indiquer le nombre de corps humains que Ra-Undreundu avait dévorés. On eut la curiosité de les compter, et il s'en trouva huit cent vingt-deux ; si quelques-unes n'avaient pas été enlevées, on serait arrivé à neuf cents. Ra-Vatu affirma que son père avait seul mangé tous ces corps, sans jamais admettre aucun convive à ses affreux festins. Une autre rangée, disposée dans le même but par un nommé Naungavuli, présentait déjà une ligne de quarante-huit pierres ; la collection s'était heureusement arrêtée là, le collectionneur étant devenu chrétien. L'anthropophagie a, du reste, chez les Vitiens, un caractère d'autant plus révoltant qu'elle ne dérive pas seulement, comme chez la plupart des tribus sauvages, d'un sentiment de vengeance poussé à son extrême limite : c'est un goût spécial, une prédilection, un raffinement de gourmandise, si on peut le dire. La chair humaine est le mets par excellence, et pour se le procurer il n'est pas besoin du prétexte d'une offense à punir. C'est fréquemment l'unique cause et l'unique but des guerres de village à village. Comme le mets recherché n'est pas assez abondant pour suffire à tous les appétits, les chefs se le réservent exclusivement, et ce n'est que par une faveur spéciale qu'ils abandonnent à leurs inférieurs un morceau de cette nourriture délicate.

John Denis Macdonald, *Voyage à la Grande Viti*
(*Tour du monde*).

UN REPAS DE CANNIBALES EN NOUVELLE-CALÉDONIE

Notre guide, me mettant la main sur le bras pour attirer mon attention, me dit de sa voix la plus basse :

« Derrière ce bouquet de hauts cocotiers, vous trouverez la

Abord du Repaire des cannibales.

case du chef. » Il scruta une dernière fois de l'œil les environs, mais personne autre que moi n'avait entendu ses paroles ; d'un pas silencieux et rapide il s'éloigna aussitôt, courbant sa taille au-dessous du niveau des hautes herbes pour échapper aux regards indiscrets.

Que se passait-il donc d'extraordinaire chez le chef de Houindô? Il était évident que ses sujets avaient reçu l'ordre de ne pas venir le troubler, et surtout de nous cacher le lieu de sa retraite.

L'homme de Balade passa le premier, nous continuâmes notre route lentement et sans bruit. Au bout de quelques minutes de marche, nous étions près du bouquet de cocotiers derrière lequel devait se trouver la case du chef. « C'est bien ici, murmura Poulone, voyez cette lueur qui arrive jusqu'à nous en filtrant à travers les interstices du feuillage, c'est celle du feu autour duquel ils doivent se trouver. » Augmentant encore de précautions pour marcher en silence, nous traversâmes le bouquet de cocotiers. La lueur d'un grand feu arrivait de plus en plus jusqu'à nous. Un murmure de voix frappant nos oreilles nous servait de guide ; certainement nous n'étions qu'à quelques pas, car on distinguait chaque parole. Un épais rideau de cannes à sucre et de bananiers nous séparait encore ; je fis signe aux hommes de s'arrêter un instant et de suivre Poulone, qui glissa comme un serpent de bronze au milieu de cette verte barrière. Tout à coup il devint immobile et me fit signe de venir près de lui, j'obéis : alors la main de mon fidèle compagnon écarta lentement une grande feuille de bananier, et par une ouverture de quelques centimètres j'aperçus une scène qui me fit frissonner.

Une douzaine d'hommes étaient assis près d'un grand feu ; je reconnus les chefs que j'avais vus pendant la journée. Sur de larges feuilles de bananier était placé, au milieu d'eux, un monceau de viandes fumantes, entourées d'ignames et de taros ; la vapeur qui s'élevait de ces aliments, apportée par la brise, arrivait jusque vers nous, et j'aurais désiré pouvoir retenir mon souffle pour ne pas aspirer le fumet d'un aliment aussi révoltant. Je l'avais bien prévu : nos amis se livraient à leurs barbares festins, et sans doute les malheureux Pouérihouens tués dans la journée en faisaient les frais ; le trou dans lequel on avait fait cuire leurs membres détachés à coups de hache était là ; une joie farouche se peignait sur le visage de tous ces démons ; ils mangeaient à deux mains. Ce spectacle était si extraordinaire, qu'il me faisait l'effet d'un rêve, et j'étais tenté d'aller à eux pour les toucher et leur parler. Un point surtout attirait toute mon attention. En face de moi, et bien éclairé par la lueur du foyer, se trouvait un vieux chef à la longue barbe blanche, à la poitrine ridée, aux bras déjà étiques. Il ne paraissait pas jouir de l'appétit formidable de ses jeunes compagnons; aussi, au lieu d'un fémur orné d'une épaisse couche de viande, il se contentait de grignoter une tête......

Jules Garnier, La Nouvelle-Calédonie.

POLYNÉSIE

TATOUAGE A LA NOUVELLE-ZÉLANDE

Le tatouage se distingue en deux classes distinctes : le tatouage à petits grains par simple inoculation de substances tinctoriales au moyen de pointes acérées, et le tatouage en relief, obtenu au moyen d'incisions plus ou moins profondes, allant quelquefois jusqu'à diviser le derme dans toute son épaisseur ; incisions dans lesquelles on fait couler des teintures qui laissent sur la peau des stigmates indélébiles, en même temps que se forment des *sillons* dont le relief est plus ou moins prononcé. Les outils employés pour cette sculpture sont des coquilles dont la cassure est très acérée, ou bien des ciseaux enfoncés à coups de marteau. J'ai seulement vu l'emploi des coquilles.

Le tatouage à petits grains, celui qui fleurit encore dans nos prisons où il semble qu'il veuille imprimer un cachet ineffaçable d'opprobre, celui que de mauvais drôles s'amusent encore à appliquer à des recrues dans l'armée et dans la marine, est aussi le plus répandu chez les sauvages. Les dessins qu'il représente et dont les principaux rappellent des arbres, des cases, des points de vue du pays où ils s'exécutent, sont-ils des hiéroglyphes qu'on pourrait lire en étudiant leurs significations? J'en doute fort et crois tout simplement aux caprices de ceux qui les font et de ceux qui les souffrent. Il est à remarquer que cette variété de tatouage se rencontre surtout dans les pays très chauds, où l'on porte peu de vêtements et où, par conséquent, il en tient lieu et contribue à l'ornement. Le corps et les membres, surtout aux parties antérieures, sont les sièges habituels de ce tatouage. La figure est, en général, épargnée. J'ai vu ce tatouage aux Sandwich, aux îles Marquises et aux îles de la Société. Il existe très peu à la Nouvelle-

Zélande, où je l'ai rencontré seulement sur quelques femmes. Un petit piqueté bleu, pratiqué sur la moitié de la lèvre inférieure, m'a été indiqué sur quelques jeunes filles comme un signe d'esclavage.

Le tatouage en relief ou à sillons est bien moins répandu que le précédent.

A la Nouvelle-Zélande, il est considéré comme ornement ou plutôt comme marque de la nationalité et du degré d'illustration des guerriers. Des dessins réguliers, et qui ne varient que selon certaines règles, ornaient les visages des Maoris, en même temps qu'ils désignaient la tribu, le rang, le degré de puissance et de gloire de celui qui les portait. Tout le monde connaît maintenant ce tatouage, et chacun peut voir, dans les collections de curiosités, des têtes de chefs momifiées, où les dessins ont conservé leur relief, leur forme et leur couleur. Si, à première vue, on croit reconnaître les mêmes dispositions de lignes ou les mêmes couleurs, on est assez vite détrompé, et avec un peu d'étude on arrive à voir qu'il existe dans les dessins du tatouage une analogie très grande avec ceux du blason.

A l'époque de l'adolescence, le jeune homme recevait le signe de la tribu, consistant en deux ou trois grandes lignes ayant des directions, des formes, des couleurs variables selon les tribus, mais identiques sur chaque membre d'une même tribu. C'est là le tatouage du commun des martyrs, c'est l'uniforme des soldats, si je puis m'exprimer ainsi. Viennent ensuite les marques particulières à chaque famille, conservées aussi intactes et aussi exclusives que les signes de la tribu, mais ne s'appliquant qu'aux membres légitimes d'une même famille. Enfin vient le tatouage rappelant les batailles où l'on a assisté, les ennemis qu'on a tués, la position qu'on a conquise. Cette partie du tatouage est individuelle, elle ne se transmet pas de père en fils : c'est une décoration à vie et non héréditaire. Ces signes glorieux, rappelant les faits d'armes et les événements remarquables, étaient placés sur les ailes du nez, au-dessous des paupières et sur le front. Il était donc facile de juger de l'illustration d'un guerrier en lui regardant la figure, plus facile encore de savoir à quelle famille et à quelle nation ou tribu il appartenait, à la simple inspection des grandes lignes de son tatouage. Certains hommes, célèbres à l'occasion d'un grand événement, pouvaient ajouter quelques lignes à leur tatouage de famille; il en était de même des familles cadettes. Comme on le voit, l'analogie est complète entre le tatouage et le blason; seulement le sauvage portait son blason gravé sur sa figure, tandis que le chevalier le portait sur son écu. Il y a même jusqu'à la dégradation qui pouvait être inscrite aussi d'une manière indélébile. Nous avons vu que le petit tatouage de la lèvre chez la femme était un signe d'esclavage. Pour ce qui était des hommes esclaves, ils n'étaient pas tatoués, attendu qu'un guerrier tatoué n'était jamais fait prisonnier. Il était tué et mangé.

Dr THIERCELIN, *Journal d'un baleinier* (*Voyages en Océanie*).

COMMENT LES SAUVAGES ALLUMENT LE FEU

Un matin, nous étions partis avec notre pirogue pleine de provisions: pain, vin, beurre, viande, rien n'y manquait; nous allions passer toute la journée dans une petite anse opposée au village maori, où nous savions trouver d'excellentes moules. Nous avions emporté quelques-uns des gros homards qu'on pêchait chaque nuit dans les rochers avoisinant l'entrée de la baie. Nous comptions joindre aussi quelques-uns de ces beaux poissons (espèce de mulets) que nous pêchions par centaines, ainsi que d'excellentes petites sardines, les plus délicates que j'aie mangées de ma vie; enfin nous voulions tuer quelques oiseaux. Nous allions donc faire un festin de rois, et puis flâner et dormir sur l'herbe au beau soleil de janvier. Nous avions, comme on voit, beaucoup de choses à faire, et, partis le matin, nous ne pensions pas rentrer sur le navire avant la nuit fermée. Nous voilà donc débarquant tout notre attirail, depuis nos personnes jusqu'à la marmite, ustensile indispensable dans de semblables fêtes, ramassant le bois, pêchant les moules, disposant tout enfin pour faire la partie aussi complète que possible, quand, au moment d'allumer le feu, nous nous apercevons qu'on a oublié l'amadou. Les allumettes chimiques n'étaient pas alors aussi communes qu'elles le sont aujourd'hui; nous ne les connaissions que de nom à bord, et d'ailleurs nous aurions pu les oublier aussi. Comment faire, pauvres gens civilisés que nous étions? Tirer un coup de fusil à poudre sur un tas d'herbes sèches, et ne pas réussir encore; renvoyer la pirogue à bord, mais il fallait plus d'une heure pour aller et venir. Grand était donc notre désappointement. Heureusement la sœur de John, notre fidèle compagne dans toutes nos courses, était avec nous. Elle vit notre désarroi, se rit de nos vains projets et nous fit signe qu'elle allait nous tirer d'affaire.

Après une recherche d'une minute, elle ramassa deux morceaux de bois secs dont l'un me parut plus dur que l'autre; elle tailla le premier en forme de coin et cassa le plus gros pour lui laisser une longueur de 20 centimètres environ, se mit à genoux, plaça le gros morceau entre ses jambes comme entre les mors d'un étau, et, prenant le morceau pointu à deux mains, elle le frotta longitudinalement sur l'autre, d'un mouvement uniforme d'arrière en avant et d'avant en arrière. Son mouvement, lent d'abord, s'accéléra peu à peu, et un petit sillon se produisit dans le bois immobilisé par ses jambes. A la partie antérieure de cette rainure il se ramasse un petit tas de poussière, et, après un certain nombre de ces frictions régulièrement accélérées, une petite colonne de fumée s'éleva du monticule de poudre. La nouvelle Prométhée avait tiré le feu, non pas du ciel, mais du bois échauffé par le mouvement. Elle cessa alors de frotter, ramassa toute la poudre en un petit cône, enveloppa son morceau de bois d'un paquet d'herbes sèches, balança le tout dans l'air avec une certaine vivacité, et la flamme jaillit. Son brandon, placé au-dessous du foyer préparé à l'avance, alluma les branches que nous avions entassées, et, quelques minutes plus tard, un feu vif et pétillant cuisait nos moules et dorait le rôti de notre repas.

<small>Dr THIERCELIN, *Journal d'un baleinier* (*Voyages en Océanie*).</small>

LES TAHITIENS

... Et les naturels ! Comme ils animent bien le gracieux spectacle de Tahiti. Les femmes, avec leur démarche dégagée, portent des robes aux vives couleurs, blanches, vertes, rouges ou bigarrées, suivant le goût personnel de chacune d'elles, qui est invariablement bon ; ces étoffes éclatantes flottent librement, en leur procurant une fraîcheur agréable. Leurs tresses noires, luxuriantes, sont ornées d'une couronne de *pia* gracieusement tressée, dont la couleur jaune pâle, au reflet doré, contraste avec l'ébène de leur longue chevelure ; le sourire anime leurs traits ; leurs voix chantantes, gazouillantes, sont remplies de douces cadences. Tout cela est mis en relief par les rayons brisés, éparpillés, de la lumière verte qui éclaire les avenues ombreuses. Quel tableau pour un artiste !

En général, les Tahitiennes vont tête nue, leurs longs cheveux ornés de la fleur blanche du *tiare* et séparés en deux tresses tombant sur les épaules. Le *horo* est un gracieux ornement que les femmes, et quelquefois les jeunes gens élégants, les *faiie* comme on les appelle, mettent derrière l'oreille ou dans les cheveux. Il se fabrique avec une baguette fine de 10 à 15 centimètres de longueur. A l'une des extrémités de cette baguette, on attache, une à une, les petites feuilles odorantes et inaltérables d'une orchidée, le *maire*, qui croît sur les montagnes.

Pour aller au soleil, les femmes mettent des chapeaux de paille fabriqués dans l'Amérique du Sud, et, les jours de fête, des chapeaux confectionnés dans le pays avec l'écorce ronie des longues hampes florifères du *pia* (*Tacca pinnatifida*). Le chapeau panama est aussi porté par les hommes.

En général, les indigènes vont pieds nus ; les élégantes mettent néanmoins, dans les grandes circonstances, des bas et des bottines ; mais il n'est pas rare de les voir enlever ces instruments de torture, qu'elles portent alors à la main. Les Tahitiens riches, à l'occasion des cérémonies publiques, s'habillent complètement à l'européenne.

A. PAILHÈS (*Tour du Monde*).

HABITANTS DES ILES HAVAII

Les habitants des îles Havaii se rapprochent, par une foule de points, des peuples tahitiens. Dans l'un et dans l'autre archipel, les chefs constituent une classe distincte, supérieure aux autres par la taille, la force et l'intelligence. Plusieurs chefs, hauts de six pieds, ont une force proportionnée à leur taille. Les femmes surtout, colossales et chargées d'embonpoint, se distinguent par une force musculaire dont on ne peut se faire une idée. Les hommes ont peu de barbe ; les femmes ont l'habitude de s'épiler soit avec une pince en os, soit en usant du suc de certaines plantes. L'homme arrive rarement à un grand âge : soixante ans est celui de la décrépitude.

L'Havaïen est naturellement doux, bienveillant et hospitalier. Dans quelques occasions où la jalousie, la haine, la vengeance, l'ambition les inspiraient, les naturels ont pu seulement déroger à leur bonté native. Moins légers, moins versatiles que les Tahitiens, ils sont moins sérieux et plus communicatifs que les habi-

Jeunes femmes de Tahiti.

tants de Tonga. Avant de s'assouplir aux mœurs européennes, ils vivaient entre eux en bonne intelligence. Les hommes faisaient peu d'attention aux femmes, mais ils les traitaient avec douceur. L'affection pour les enfants ne les empêchait pas de détruire ceux qu'ils ne voulaient pas élever, et cela quelquefois un mois après leur naissance ; plus tard même, quand l'enfant leur désobéissait et les irritait, le père et la mère avaient le droit de vie et de mort sur la famille, et ils en usaient fréquemment.

DUMONT-D'URVILLE, *Voyage pittoresque autour du monde.*

LES CITÉS DE REFUGE CHEZ LES HAVAÏENS

Par un singulier mélange de barbarie et d'humanité, il existait, chez les anciens Havaïens, des cités de refuge ou *pahonua*. Le nombre en était limité. On en connaît deux sur l'île d'Havaï, une sur l'île d'Oahou, une à Maoui et une à Kaouai. Les cités de refuge, sortes de vastes cours entourées d'un mur sur trois côtés, et d'une barrière de bois de ohia sur le quatrième, avaient une large porte toujours ouverte. Tous y avaient accès. Quiconque avait fui devant un ennemi, encouru la colère du chef, violé le tabou, commis un vol ou un assassinat, transgressé une des prescriptions ineptes de la religion du pays, était sauvé s'il franchissait le seuil hospitalier. Là s'arrêtaient les colères, les haines, les châtiments injustes ou mérités. Le fuyard allait alors s'accroupir devant l'autel de la divinité tutélaire, lui offrait un sacrifice quel qu'il fût, et sortait libre et pardonné. En temps de guerre entre les tribus, c'était là que se réfugiaient, avec leurs provisions, les femmes, les enfants, les vieillards. Ils y étaient à l'abri, et l'armée ennemie, vînt-elle d'un district éloigné, respectait cet asile, dont la violation eût attiré sur elle le courroux terrible du dieu. Les vaincus y trouvaient un refuge. A l'intérieur de cette vaste cour, s'élevaient des huttes soigneusement entretenues par les prêtres chargés de ce soin.

C. DE VARIGNY, *Voyage aux îles Sandwich* (*Tour du Monde*).

FIN.

www.ingramcontent.com/pod-product-compliance
Lightning Source LLC
Chambersburg PA
CBHW071417150426
43191CB00008B/950